정 그렇다면 반항할 수밖에

차별적 세상을 뒤집어야 했던
20세기 최고의 딸들

최문형 지음

목차

작가의 말 ·················· 4

1. 가브리엘 코코 샤넬, 불을 훔친 꽃꼬비 ·················· 8
2. 와리스 디리, 사막을 구원한 노란꽃 ·················· 18
3. 글로리아 스타이넘, 차별의 벽을 탄 담쟁이덩굴 ·················· 27
4. 윤희순, 족두리를 벗어던진 희생가지 ·················· 36
5. 덩잉차오, 대륙의 맹그로브 ·················· 45
6. 도로시 데이, 누운 나무 ·················· 54
7. 에디트 피아프, 거리의 풍매화 ·················· 64
8. 노라 노, 바다에 뜬 문주란 ·················· 74
9. 가네코 후미코, 천황에 맞선 국화쥐손이 ·················· 84
10. 앙겔라 메르켈, 베를린의 피토크롬 ·················· 93
11. 박남옥, 최초의 영화를 터뜨린 물봉선 ·················· 103
12. 시몬느 드 보부아르, 스스로 유전자를 바꾼 옥수수 ·················· 112
13. 왕가리 마타이, 콘크리트에 떨어진 민들레 씨앗 ·················· 122
14. 조지아 오키프, 겨울나무에 핀 꽃 ·················· 131

15. 최용신, 샘골을 피운 한 알의 밀알 ········· 141

16. 오드리 헵번, 타이탄 아룸의 역작········ 151

17. 베티 프리단, 신화를 벗겨낸 허브나무········· 160

18. 카렌 블릭센, 아프리카를 품은 정원········ 169

19. 이태영, '노라'를 위한 채송화 ········· 179

20. 쑹 메이링, 공중뿌리를 내린 꽃잔디 ········· 189

21. 리고베르타 멘츄 툼, 바퀴에 깔려도 살아난 질경이 ········ 199

22. 박차정, 제국주의와 맞선 복수초 ········· 209

23. 로제타 셔우드 홀, 조선과 하나가 된 접목········· 219

24. 시린 에바디, 처형자 명단에 오른 클로버········ 229

25. 박경리, 해마다 발아하는 씨앗 ········· 239

26. 제인 구달, 무념무상한 나무········ 248

27. 페트라 켈리, 거침없는 녹색 해바라기 ········· 257

28. 헬렌 니어링, 영혼마저 결합한 연리목········· 267

29. 이사벨라 버드 비숍, 지구를 휘감은 스펑나무········· 277

30. 권기옥, 보도블럭 사이의 갈네········· 287

작가의 말

 피임수단이 아직 없던 시절에 여자아이는 낳자마자 살해당하기도 했다. 부모들은 그다지 죄의식을 느끼지 않았다. 오늘날의 낙태를 대체하는 유일한 인구조절 방법이었다. 여성으로서 세상에서 햇빛을 받고 바람을 느끼며 살아간다는 게 범상한 일이 아니다. 인류의 진화 속에서 여성은 두 번째 자리에서 오랫동안 그렇게 있었다. 문화권마다 조금씩 다르기는 했지만 어쩔 수 없는 일이었다. 여성은 특이하고 신기한 생명체로서 신이 '인간(남성)'을 위해 만든 용도이기도 하고 '인간'의 욕망을 불러일으키는 사악한 대상이기도 하며 자식을 낳는 숙명 속에서만 인정받는 도구이기도 했다.

물리력보다 소프트웨어의 힘이 거세어지는 이 시대에서 이런 이야기는 먹히지 않을 수 있지만 아직도 많은 사건의 피해자는 여성이며 차별과 불평등의 희생양 또한 여성이다. 생명을 잉태하고 낳고 기르는 위대한 임무를 타고난 여성은 이제까지 식물처럼 짓밟혀왔다. 그 이유는? 식물과 닮았기 때문이다. 지구의 모든 생명체를 먹이고 거두는 식물처럼 여성의 삶도 그러했다. 식물이 가장 미개한 생명체로 무시당하고 착취되는 것처럼 여성도 그러했다.

여기 약자의 굴레를 벗어던진 30명의 기쎈 언니들이 있다. 나는 그 분들과 3년여의 세월을 함께하며 울고 웃고 감동하고 안타까워했다. 그 분들은 감히 올려다보기 힘든 기풍을 지녔다. 남겨진 기록을 통해 그 분들의 생애를 추적하며 놀라기도 하고 통쾌해하기도 했으며 흥분한 가슴을 눌러 앉히기도 했다. 어떤 분은 내가 주워 담기 어려워 자막 없는 일대기 영화를 틀어놓고 배우의 눈동자를 통해 그 분의 마음을 읽으려 노력했었다.

이제 그 분들을 독자께 소개한다. 한 분 한 분 미운 정 고운 정이 서린 분들이며 결국은 '당신이 옳았습니다!' 라고 외치지 않을 수 없는 분들이다. 그분들과 작별하는 매순간마다 통곡하거나 눈물을 흘렸다. 이제 마지막 눈물로 언니들과 작별한다. 기쎄고 멋진 이 언니들은 독자 여러분의 삶의 등불, 또는 등대가 되어 주리라 확신한다.

이 글을 쓰도록 제의해주신 스카이데일리의 박혜수 선생님께 감사드린다. 한국방송대학교 신문에 연재하도록 해주신 최익현 선생님께 감사드린다. 진행과정에서 많은 도움을 주셨다. 칼럼을 멋진 단행본으로 재탄생시켜준 도서출판 문연각의 박주형 대표에게 감사드린다.

이 작은 책이 여러분의 삶에 큰 기폭제가 되기를 바란다.

2025년 1월
뽕나무 밭에서
저자 최문형

식물을 재배하면서
인간은 최초의 문명을 시작했다
여성들도 그러했다
샤넬을 만나면서 편안히 숨쉴 수 있게 됐고
두 손의 자유를 얻어 활동적으로 일하게 됐다

그녀는 남성에게서 '불'을 훔쳐내어
여성에게 가져다준 프로메테우스다
그녀의 독백이 이를 방증한다.
"나는 사람들을 입혔는데 그들은 나의 따귀를 때렸다."

가브리엘 코코 샤넬
불을 훔친 꽃꼬비

수녀원에서 상류사회로

가브리엘 보뇌르 '코코' 샤넬(Gabrielle Bonheur "Coco" Chanel, 1883~1971)은 프랑스 서부 소뮈르에서 장돌뱅이 아버지와 가난한 고아 소녀 사이에서 태어났다. 젊은 부부는 이곳저곳을 전전하며 아이를 다섯이나 낳았지만, 아이들의 양육은 온전히 어린 아내의 몫이었다. 샤넬이 12세가 되던 해 젊은 어머니는 폐병으로 세상을 뜨고 무책임한 아버지는 아이들을 수녀원에 맡긴다.

성년이 되어 수녀원을 나온 샤넬은 물랭에서 재봉사로 일한다. 하지만 열정과 호기심으로 똘똘 뭉친 그녀의 꿈은 오페라 가수가 되는 것이었다. 젊은 귀족 장교들이 드나드는 카페 로통드에서 그녀는 가수로 활동하는데, 이때 부른 노래 「코코리코」(닭 울음소리의 의성어)를 따서 '코코'라는 이름이 만들어졌다. 가브리엘은 이곳에서 부르주아 에티엔 발장을 만나 그의 성(城)에서 지내며 상류사회에 발을 들인다.

당시 여성들은 꽉 조이는 코르셋에 치렁거리는 드레스를 입고, 새의 깃털과 보석으로 장식한 무거운 모자를 쓰고 있었다. 샤넬은 에티엔 발장의 도움으로 도빌에서 모자가게를 여는데, 남성모자를 개조해 만든 가볍고 실용적인 모자는 상류층 여성들의 인기를 끌게 된다. 이후 발장의 친구인 아서 카펠을 만나게 되고 그의 후원으로 여성복을 만드는 가게를 확장하며 사업의 기틀을 닦는다. '보이'라는 애칭으로 불린 영국인 아서 카펠은 샤넬의 평생 연인이며 보호자이고 멘토로서, 샤넬 왕국의 지주이며 공동 설립자였다.

바지를 입으면 체포되던 시대

1907년 프랑스 신문을 보면 바지를 입은 여성 두 명이 숲을 달리다가 경찰에게 붙잡힌다는 기사가 있다. 이러한 사회에서 샤넬은 여성에게 바지를 입힌 최초의 인물이었다. 시대도 샤넬의 편이었다. 단순하고 편안한 옷을 만든 샤넬의 스타일은 제1차 세계대전이라는 사건과 맞물렸다. 전쟁은 남성들이 떠난 빈자리를 여성들이 채워줄 것을 요구했고, 실용적인 옷감으로 만든 활동적인 샤넬스타일은 시대에 완벽하게 부응했다.

그녀의 목소리와 외모는 중성적이어서 당시의 미모 기준과는 동떨어져 있었다. 마르고 볼륨 없는 몸매인 샤넬은 자신에게 어울리는 단순한 스타일로 당당하게 세상에 나섰고, 여성

1920년대의 샤넬, 20대를 지나 원숙해지던 시기.
그의 모든 표정은 눈빛에서 나온다.[1]

들은 풍만한 드레스를 벗어던지고 열광적으로 샤넬을 좇았다. 수영복, 비치가운, 간편한 단발, 마른 몸매와 그에 어울리는 단조로운 디자인의 옷, 건강하게 그을린 피부, 콤비체인 핸드백, 슬링백 펌프스 신발, 미니블랙 드레스, 활동적인 바지, 스포츠웨어…. 현대 여성의 자유로운 일상은 그녀가 선사한 것이다.

지금도 파리 캉봉가 31번지 샤넬 본점에는 '샤넬'이 되려는 여성들이 길게 줄을 서 있다. 아버지에게 버려진 외롭고 가난한 소녀가 세상을 정복해 버린 것이다. 무엇이 그녀를 만들었을까?

샤넬의 상상은 현실이 된다

샤넬은 꿈을 꾸었고 꿈을 연습했다. 어린 시절 그녀는 인기 작가 피에르 드쿠르셀의 연애소설을 즐겼다. 가난하고 외롭던 소녀는 신데렐라 스토리에 심취했다. 자신을 주인공으로 만들고 소설 속의 순간들을 상상하고 연습했다. 샤넬은 평생 부와 자유와 사랑을 원했다. 에티엔 발장의 성에서 지낼 때, 무거운 모자에다 드레스를 입고 말안장에 옆으로 앉아 승마를 하는 여성들을 보면서 샤넬은 안타까움을 느꼈다. 그녀는 남성바지

스타일로 자신의 승마복을 만들어 입었고 모자도 간편하게 만들어 썼다. 활동적인 그녀의 패션은 상류층 여성들의 시선을 끌었다.

스타일의 개방과 파격은 그녀의 개인사에도 그대로 드러났는데 샤넬은 성별, 국적, 성향, 직업, 신분 등을 떠나서 다양한 사람들과 우정과 사랑을 나누었다. 사업적으로나 사생활 면으로나 샤넬처럼 다채롭고 역동적인 삶을 산 인물은 드물 것이다. 그녀는 호기심이 많았고 누구든지 자신의 관심을 끄는 사람이 있으면 적극적으로 다가가서 그들의 모든 것을 빨아들였다.

그녀는 애인과 친구들을 통해 사업철학과 아이디어와 아이템을 얻었으며, 활동 영역을 넓히고 고객을 늘려가며 자신의 왕국을 건설했다. 샤넬의 평전을 쓴 론다 개어릭은 그녀를 '흡혈귀'라고 표현했지만, 그녀가 사람들을 무작정 착취한 것은 아니다. 그녀는 그들과 서로의 필요를 나눌 줄 알았다.

1920년대에 샤넬은 예술인 그룹에 단단히 자리잡고 있었는데, 그들에게 막대한 후원금을 지원하며 교류했다. 예술인들은 샤넬에게 영감의 원천을 제공했으며, 연극과 발레, 영화를 통해 그가 사업 영역을 넓힐 수 있도록 도와줬다. 그녀의 친구와 연인들은 국적과 장르와 신분이 다양했다. 러시아의 드미트리 대공과 디아길레프, 영국의 웨스트민스터 공작과 윈스턴 처칠경, 시인 피에르 르베르디, 작곡가 차이코프스키, 피카소, 스트라빈스키, 모딜리아니와 문화예술계의 대모인 미시아 세르트 등이다.

냉정한 페르소나의 배우

 그녀는 매우 독립적인 여성이었다. 어린 시절 수도원에서 냉정함과 극기와 엄격함을 배웠다. 당시 수도원은 독립적 여성들의 활동무대였다. 수녀들은 남성에게 종속되지 않고 신에게 봉사하며 자신들의 커리어를 쌓아가는 전문직 여성이었다. 샤넬패션의 소박한 하얀 깃 셔츠와 블라우스, 검은 옷은 수도원에서 영감을 받은 것이다. 부를 통해 자유를 만끽하고 싶은 소녀의 꿈은 창의적이고 개방적인 성향과 타고난 사업가 기질로 완성됐다.

 코코 샤넬은 모순적 존재였다. 그녀는 죽는 날까지 사랑을 갈구했고 남성 앞에 '연약한' 여성이기를 원했지만, 자신에게는 엄격하고 냉정하며 뼛속까지 페미니스트였다. 그녀의 보이시한 패션—어디에도 노출이 없는—은 여성의 성(性)을 지키기 위한 장치였다. 남성들이 만든 터무니없이 무거운 모자는 여성들이 사고할 수 없게 하려는 계책이라고 비판했던 샤넬은 여성의 옷을 남성이 디자인하는 것을 극도로 혐오했다. 남성들의 취향으로 만들어진 여성의 옷은 그들(남성)의 시선과 욕망에 부응할 뿐이라고 생각했기 때문이다.

하지만 그녀는 자신에게 도움을 줄 수 있는 남성이라면 하나도 그대로 두지 않았다. 재력이든 인맥이든 예술적 재능이든 사업 수완이든 그들이 가진 것을 간파해 낚아챘다. 그녀는 87세로 죽는 날까지 성공한 사업가 '마드무아젤 샤넬'로 일했고, 여전히 아름답고 매혹적이었다.

짝퉁을 허락한 이유

가브리엘 코코 샤넬은 화려하고 향이 짙은 꽃을 피웠다. 지구상 수분매개체는 수십만 종이라고 하는데 과학자들이 밝혀낸 종은 겨우 6%도 안 된다. 샤넬은 뷔페요리를 준비해 여러 종의 중매쟁이를 부르는 꽃고비과 식물이었다. 많은 이질적인 친구들을 두어 씨앗과 열매를 만들었고, 다시금 그들을 종자배달부로 활용해 자신의 스타일을 온 세상에 퍼뜨리도록 했다. 전방위적인 그녀의 전략은 신분과 국경과 성별을 뛰어넘었고, 두 번의 전쟁조차 그녀를 넘어뜨리지 못했다.

엄격했지만 화통했던 샤넬은 사생활에서도 관계에 집착하거나 얽매이지 않았다. 많은 애인을 두었고 사랑이 끝난 후에도 그들과 친분을 유지했다. 그녀의 개방성은 사업에도 이어졌는데, 자신의 패션을 베끼는 것을 극도로 싫어하고 금지했던 대부분의 디자이너들과는 달리, 샤넬은 자신의 옷이 파리의 시장에서 싸구려 짝퉁으로 만들어져 팔리는 것을 열렬히

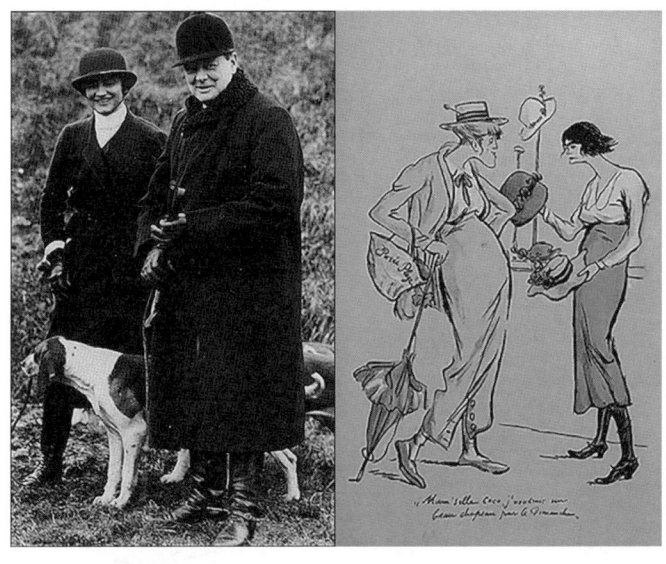

1921년 어느 날 윈스턴 처칠과 함께 산책중인 샤넬 (왼쪽).[2]
'벨 에포크' 시기에 유명했던 캐리커쳐 작가 셈(Georges Goursat)이
자신의 모자가게에 서 있는 샤넬을 그렸다 (오른쪽).[3]

환영했다. 심지어는 대규모 패션 발표회 때 재봉사들을 불러들여 그들이 자신의 옷을 스케치하도록 적극 돕기까지 했다.

세상은 식물이 지상에 출현하기 이전과 이후로 나뉜다. 수분매개자인 곤충들, 씨앗배달부인 동물들, 식물에서 집과 옷과 먹을 것과 마음의 안식을 얻어가는 인간들을 보라. 모든 생명체는 식물의 아바타다. 가브리엘 코코 샤넬의 식물적 욕망은 세계역사를 '샤넬 이전'과 '샤넬 이후'로 쓰는 것, 샤넬 스타일의 아바타왕국을 건설하는 것이었다. 그녀는 모든 세상을 자신의 스타일로 지배했다. 지구촌 어느 거리를 보아도 '샤넬'이 활보한다. 그녀는 온 지구를 자신의 아바타 왕국으로 바꾼 '도발적' 식물이다.

샤넬의 영원한 시그니처
'샤넬 No.5'와 '샤넬 백 2.55'

나는 그 순간에 무슨 말이든 해야만 했다
알라 신 앞에서 우린 모두 평등하다고
여자든 남자든 흑인이든 백인이든
우리는 가부장주의에 대항해 싸워야 하고
우리에게 채워진 족쇄를 끊어야 한다고.

어떤 자들에게는 모든 것을 주고
다른 자들에게는 아무것도 주지 않는 것이
운명은 아니라고.
그것이 알라 신의 뜻일 리가 없다고.

와리스 디리, 『엄마에게 쓰는 편지』 중에서

와리스 디리
사막을 구원한 노란꽃

낙타 다섯 마리에 팔리다

 1965년, 아프리카의 뿔이라 불리는 소말리아 유목민 씨족에서 한 여자아이가 태어났다. 와리스 디리(Waris Dirie, 1965~)다. 12명의 자녀 중에 한 아이였다. 아프리카에서는 시간의 개념을 우기와 건기로 분류하는 탓에 부모는 아이의 생일을 정확히 알지 못한다. 하지만 이 특별한 여자아이에게 어머니는 와리스라는 이름을 주었다. '사막의 꽃'이라는 뜻이다. 아이는 5세 때 '여성할례'를 받았다. 언니 두 명과 사촌언니 한

명이 이 성기훼손으로 죽었지만 사막의 꽃, 와리스 디리는 죽지 않고 살아남았다. 아이는 덤불처럼 강인했다. 어릴 때부터 혼자 염소를 쳤고 하이에나 떼와 마주쳐도 무서워하기는커녕 기싸움을 해서 쫓아냈다.

와리스는 관습에 따라 13세 때 낙타 다섯 마리에 팔려 60대 노인과 결혼하게 되자 집에서 도망쳤다. 며칠 동안 맨발로 사막을 달려 지쳐 쓰러졌을 때 코앞에서 사자가 킁킁거리는 소리에 깨어났다. 다행히 사자는 사라졌다. 사자가 보기에 와리스가 너무 말라서 간식거리도 안 된다고 생각한 듯 했다.

그녀는 모가디슈에 사는 외할머니와 외삼촌과 이모들을 찾았다. 와리스의 아버지는 다로드 씨족 사람으로 사막에서 낙타와 염소를 키우는 유목민이고, 어머니는 정착생활을 하는 부유한 씨족인 하위예 사람이었다. 외가 친척 중에는 소말리아의 지식층으로 해외에서 활동하는 가족도 있었다. 어머니는 아버지에게 반해 집안의 반대를 뚫고 도망쳐 결혼했다.

외삼촌과 이모 집을 전전하던 와리스는 런던주재 소말리아 대사로 부임하게 된 이모부를 따라 영국으로 가는 탈출구를 찾는다. 매정한 이모는 와리스를 대사관저의 가정부로 채용했다. 빠듯한 하루의 일과 속에서 혹독한 노동을 감당해야 했다. 박봉에 고된 노동을 하던 와리스는 어느 날 정신을 잃고 쓰러진다. 생리가 시작된 것이다. 이슬람의 여성할례는 집시여인에 의해 행해지는데, 불결한 도구로 풀숲에서 시행된다. 부러진 면도날 등 무엇이든 뾰족한 것으로 성기를 절단하고 아카시아 나무 가시로 구멍 뚫어 실로 봉합하는 방식이다. 소독이나 마취 같은 것은 없다. 여성의 순결을 확보하기 위해 성냥개비 구멍만한 틈만 남긴다. 그 구멍으로 소변을 보거나 생리혈을 내보내니 고통이 극심하다. 이슬람의 관습은 여성할례를 하지 않은 여성을 불결하게 여겨 신부로 맞아들이지 않는다.

2018년 서아프리카 시에라 리옹 지역을
방문했을 때의 와리스 디리[4]

그래서 매년 300만 명의 소녀가 이 관습에 따라 희생된다. 아프리카에 살든 유럽이나 미국에 살든 마찬가지다. 와리스 또한 이 관습에 의해 어린 나이에 끔찍한 일을 당했고 그 부작용으로 소변조차 보기 힘든 날을 지냈다. 본격적으로 생리가 시작될 무렵에는 고통을 감당하기 어려웠다. 소말리아에 있을 때는 이 고통을 잊으려고 열흘 넘게 모래구덩이에 하반신을 파묻고 지냈다. 이후 그녀는 런던에서 성기재건수술을 받았지만 극심한 생리통은 평생 그녀를 따라다니며 괴롭혔다.

맥도날드 알바에서 본드걸까지

이모부가 4년간의 대사 임기를 마치고 소말리아로 귀국할 때 와리스는 고국으로 돌아가지 않았다. 이모가족은 어떤 도움도 남겨두지 않은 채 와리스를 버려두고 떠났다. 와리스는 불법체류자의 신분으로 맥도날드 매장에서 아르바이트를 하며 생계를 꾸려갔다.

질기고 강한 생명력을 지닌 사막의 꽃 와리스는 아주 매력적인 외모를 지녔다. 와리스가 대사관에서 일할 무렵 사진작가 말콤 페어차일드가 우연히 그녀를 길에서 발견하고 사진에 담고 싶어 했다. 자신의 명함을 건넸지만 와리스는 두려움에 도망쳤었다. 나중에 그는 맥도날드 매장에서 일하는 와리스를 다시 만나게 된다. 이를 계기로 와리스는 모델계에 발을 내딛는다.

'사막의 꽃'이 기나긴 굶주림과 가뭄을 견디고 드디어 꽃잎을 여는 중이었다. 유명한 사진작가 테렌스 도노반에게 발탁돼 이탈리아의 유명한 피렐리 달력의 모델로 선발된 것은 '사막의 꽃'이 활짝 열리게 되는 아주 큰 계기였다. 그녀는 제임스 본드 영화 「리빙 데이라이트」의 본드걸로 영화에 출연하고 〈선데이 타임즈〉 1면에 얼굴이 실리게 됐다. 이후 이탈리아와 미국까지 진출해 베네통과 리바이스의 모델로 활동했다. 〈엘르〉 〈보그〉 같은 세계적인 패션잡지에 그녀의 사진이 실렸다. BBC와 다큐멘터리 「뉴욕의 유목민」도 찍었다. 사적으로도 사랑하는 사람 데이나를 만나 아들 알리크를 낳고 행복한 나날을 보낸다.

그녀의 삶에 새로운 전환점이 온 것은 〈마리끌레르〉의 로라 지브 기자와 인터뷰를 하게 되면서다. 그녀는 어릴적 자신의 여성할례 경험을 고백했는데, 이것은 아랍국가 전체에 던지는 폭탄과도 같은 것이었다. 로라 기자가 쓴 「여성 할례의 비극」이라는 인터뷰 기사는 큰 반향을 불렀다. 그 결과 그녀는 ABC 방송의 간판 프로그램인 20/20에 출연해 바바라 월터스와 인터뷰했다. 곧바로 유엔인구기금(UNFPA)이 그녀를 불렀다. 여성할례 반대운동의 홍보대사로 일해 달라는 요청이었다.

세상을 노란 꽃으로 물들이다

유엔인구기금에서 열심히 활동하던 와리스는 2002년 자신의 이름으로 '와리스 디리 재단'을 비엔나에 세웠다. 이후 '사막의 꽃' 재단으로 이름을 바꿨고 소녀들을 할례에서 구하기 위해 지원하고 할례철폐 프로그램을 만들었다. 그녀는 자신의 경험을 바탕으로 「사막의 꽃」 영화를 제작, 2009년 베니스 영화제에서 이 영화를 개봉했다. 영화 속 와리스의 아역은 지부

1996년 UN은 와리스를 여성할례에 반대하는 친선대사로 임명했다 (왼쪽).
와리스가 제작해 2009 베니스 영화제에 선보였던 「사막의 꽃」 한 장면 (오른쪽).[5]

와리스 디리 23

티에 사는 사파라는 소녀가 맡았는데, 와리스는 사파를 보호하기 위해 부모로부터 '할례금지 부모서약'을 받았고 끝까지 소녀를 지켜 주었다.

와리스는 2013년 120명의 의료진으로 파리, 베를린, 스톡홀름에 '사막의 꽃 센터'를 만들어 성기재건수술과 심리치료에 힘쓰고 있다. 이후 아프리카의 가난한 국가 피에라리온에서 활동하는 피터 콘테 신부의 '카리타스'와 협력한 '사막의 꽃' 재단은 1천 명에 이르는 소녀를 후원하고 있다.

자신의 아픔과 부끄러움을 드러낸 그녀의 용감한 노력은 국제사회에서 결실을 맺고 있다. 2003년 7월, 아프리카연합 국가 대표들이 모잠비크의 마푸토에서 여성할례 금지를 명시한 「마푸토의정서」를 체결했고, 2005년 10월에는 소말리아 이

여성할례반대운동을 펼치고 있는 와리스 디리[6]

슬람 성직자들이 여성할례를 비이슬람적인 것으로 판결했다. 또한 2005년 11월에는 아프리카 15개국에서 「마푸토의정서」를 비준해 국제법으로 효력이 발휘되고 있다. 기근과 가뭄을 헤치고 관습과 전통을 뚫고 피어난 사막의 꽃, 와리스 디리는 종교라는 이름으로 행해지는 폭력과 살인 앞에 당당하게 맞섰다.

사막의 꽃은 그 어떤 생명도 살아남기 힘든 척박한 땅에서 핀다. 소말리아는 일 년 내내 비가 오지 않을 때도 있다. 그러나 비가 내리면 기적처럼 화사한 타원형의 노란색 꽃이 피어난다. 이 꽃은 작고 강한 덤불이 피우는 꽃이다. 덤불이니까 일 년 내내 비가 오지 않아도 살아남는다. 그러다가 어쩌다 비가 내리면 이 꽃은 활짝 피어올라 사막 전체를 오렌지색으로 물들인다. 와리스도 그랬다. 관습과 전통이라는 가뭄을 덤불의 힘으로 버텨냈다. 어느 날 가뭄을 해소하는 비가 내리자 세상을 희망의 노란색으로 덮었다. 사막의 꽃, 와리스 디리의 생명력은 할례라는 이름으로 가해지는 폭력과 살인으로부터 소녀들과 여성을 지키는 구원이 됐다.

정치계의 젊은 남성들은
떠오르는 별처럼 취급되지만
젊은 여성들은 그냥
젊은 여성들로 취급되기 때문에
화가 났다

모든 여성 후보들이 아이 양육으로
자신의 정치적 역량을 잠시 보류하고
모든 남성 후보들은 그렇지 않기 때문에
화가 났다

단지 여성의 몸으로 태어났다는 이유로
인간적 재능이 상실되고
남성의 몸으로 태어났다는 이유로
평범함이 보상받는 데
화가 났다

『글로리아 스타이넘 길 위의 인생』 중에서

글로리아 스타이넘
차별의 벽을 탄 담쟁이덩굴

트럭에서 보낸 유년기

아버지는 가족을 데리고 훌쩍 길을 떠났다. 네 식구는 후다닥 짐을 쌌다. 가족은 컨테이너 트럭에 옷가지와 생필품 몇 개만 싣고는 언제 돌아올지 모르는 유랑에 올랐다. 어떤 때는 급히 떠나느라 주방에 설거지를 쌓아둔 채 길을 나서기도 했다. 가족이 집에 머무는 시간은 고작 1년에 서너 달이었다. 아버지 레오는 유연하고 활기찬 사람이었다. 아홉 살 난 아이에게

현금을 쥐어주고 본인이 원하는 옷을 사도록 옷가게에 혼자 들여보냈다.

아버지는 길을 달리며 즉흥적으로 식당을 정하고 영화를 보고 숙소에 들어갔다. 어린 딸은 아버지를 이렇게 회상했다. "아버지는 날 친구처럼 대하고, 내게 조언을 구하며, 내 벗이 되는 걸 즐겨, 내가 사랑받고 있다는 것을 알게 했다. 힘든 때도 많았지만 그 시절에도 난 아이 특유의 공정함으로 아버지가 자신을 소중히 대하듯 나도 소중히 대한다는 것을 알았다."

글로리아 스타이넘(Gloria Marie Steinem, 1934~)은 열 살 때까지 그렇게 살았다. 어머니 루스는 남편의 분방한 매력에 반해 결혼했으나, 불안정한 생활과 많은 빚에 쪼들려 서서히 병

2016년 애리조나주 피닉스에서 열린 '여성과 함께 애리조나 서밋'에서 지지자들과 이야기하고 있는 스타이넘[7]

들어갔다. 교육받은 여성으로 기자생활을 했던 어머니는 결국 견디지 못하고 남편과 이혼하고 딸 둘과 살았다.

나이 차이가 많은 언니 수잰은 당시 대학에 다니고 있었고 어린 글로리아는 어머니와 남겨졌다. 하지만 우울증이 정신병으로 발전한 어머니와 살면서 어린 글로리아는 '어머니의 어머니' 노릇을 하며 7년을 지냈다. 자유로운 아버지와 보낸 유년기를 지나서 닥쳐온 이 기간이 글로리아에게는 가장 어두운 시절이었다. 가난도 힘들었지만 언제 엄마가 가출해서 행방불명될지 모른다는 불안감은 소녀에게는 무거운 십자가였다.

길 위에서 글을 쓰다

힘든 생활 속에서도 어머니는 남은 재산을 처분해 둘째 딸을 공부시켰다. 명문 여자대학인 스미스대학 정치학과에 입학하면서 글로리아의 어두운 시절도 막을 내린다. 방랑을 생의 목표로 삼은 아버지와 글쓰기가 소원이었던 어머니를 빼어 닮아 그녀는 '길 위에서' 사람을 만나고 '글을 쓰며' 살았다. 자신의 어려운 처지에도 남을 도우며 살았던 아버지를 따라, 그녀 또한 인종과 계급의 벽을 넘고 누구든 자신의 도움을 필요로 하는 사람들을 도왔다. 세상에 대한 사회정치적인 시각을 잃지 않았던 어머니의 가르침("민주주의는 네가 매일매일 해야 할 일일 뿐이야, 양치질하듯")대로 그녀는 민주주의를 실행하며 살았다. 그의 신념은 여성이라는 정치적 존재를 인식하면서 자라났다.

플로린스 케네디를 비롯한 많은 흑인여성들과 짝을 이뤄 순회강연을 다녔다. 유색인이든 백인이든 여성이든 남성이든 어떤 일을 하는 누구이건 간에 그녀는 다정하게 손을 뻗어 친구가 되어 주었다. 이러한 그녀의 개방성은 페미니스트들 사이에서 오해와 시기를 불러일으키기도 했다. '아름다운 페미니스트'로 명명되는 글로리아는 자신의 신념을 좇아 한발 한발 옮겼으며, 그 과정에서 마음이 통하는 사람이라면 여성이든 남성이든 가리지 않았다. 글로리아는 애인이었던 남성들과 계속 우정을 돈독히 나눴다.

글 쓰고 강연하고 활발한 사회활동을 하는 매력적인 그녀의 인생길에는 영원한 동반자가 되기 원하는 수많은 남성들, 유능하고 돈 많고 잘생긴 남성들이 있었다. 하지만 그녀는 정착을 거부했다. 젊은 날, 한 번의 약혼과 파혼을 했고 그 과정에서 불법낙태를 해야만 했던 그녀의 경험에 비추어 볼 때, 누군가에게 자기 인생의 주인 자리를 내어 주는 것은 용납되지 않는 일이었다. 그런 그녀가 66세에 영국의 기업가이자 환경 운동가인 5세 연하의 데이비드 찰스 하워드 베일(David Charles

Howard Bale)과 결혼한 것은 이변이었다. 하지만 이 결혼은 남편의 병사(病死)로 4년 만에 끝난다.

글로리아는 저널리스트이면서 사회운동가로 쉴 새 없이 일했다. 대학을 졸업하고 인도에서 2년을 지내면서 그녀는 노동자운동, 민권운동, 반전운동을 지향했다. 1960년 뉴욕으로 와 저널리스트로서의 경력을 시작했다. 이슈가 되는 굵직한 기사들을 썼으며, 1968년에는 잡지 〈뉴욕〉 창간을 도왔다.

그녀의 이력 중 특이한 것은 1963년에 플레이보이 클럽에 버니걸로 잠입해 그곳 여성들의 실상을 폭로한 것이다. 몇 년 후인 1969년에 낙태에 관한 공청회에 참석한 것이 계기가 되어 그녀는 페미니즘의 길로 들어섰다. 낙태는 그녀의 개인적 경험과 연관되는 일이었다. 1969년 첫 번째 기사 「블랙 파워 이후, 여성 해방(After Black Power, Women's Liberation)」을 발표했는데, 이 글로 1970년 페니-미주리 저널리즘상을 받았다.

1972년에는 최초의 페미니스트 잡지인 〈미즈〉를 창간했고, 1977년에 들어서는 미국의 56개 주에서 이틀간 열린 전국여성대회를 조직하고 휴스턴대회에 참여해 열렬히 실행했다.

그렇게 그녀는 한 걸음씩 나아갔다. 벽과 담을 타넘기 위해 그녀는 촉각을 곤두세웠다. 담쟁이덩굴은 연약하고 작다. 그런데 이들이 찾아오면 모든 담, 건물의 사방은 이들의 영토가 된다. 담쟁이는 촉이 좋고 조심스럽다. 빨판으로 한 곳을 고정하고 나면 두리번거리며 다음 스텝을 궁리한다. 담의 특성을 살펴 방향을 정한다. 돌진하기도 하고 다른 길을 정하기도 한다. 담쟁이는 주도면밀하다. 다음 발걸음을 어디에 둘 건지를 수시로 탐색한다. 득의양양하게 수직으로만 올라가지 않는다. 한 번은 위로, 다음 한 번은 옆으로 발을 둔다. '위로 좌로 위로 우로' 이렇게 안정적으로 자신의 길을 간다.

세상을 차지한 담쟁이덩굴

글로리아의 만트라[眞言]가 '위계가 아니라 연결(Not Ranking But Linking)'이었음을 기억한다면, 담쟁이덩굴이야말로 위계가 아닌 연결을 보여주는 최적의 식물인 셈이다.

일단 담쟁이덩굴이 길을 정해 가면 이들을 후퇴시키기는 거의 불가능하다. 게으른 사람이 창문 닫기를 잊는다면 그는 담쟁이덩굴에게 자신의 방을 내주게 된다. 담쟁이는 천천히 꾸준하게 길을 간다. 그들 또한 햇빛을 원한다. 글로리아는 어릴 적 가난하고 어두웠던 유년의 생활에서 대학교육을 거쳐 언론인과 사회활동가가 되기까지, 그 이후에도 지속적으로 꾸준하게 벽을 올랐다. 글로리아에게는 그 벽이 유리벽이든 벽돌벽

1970년대 뉴욕대 앞에서 열린 '여성의 권리 행진'에서 한 여성에게 사인해주고 있는 글로리아(위).[8] 최초의 페미니스트 잡지 〈미즈〉 (왼쪽 아래). 1975년 LBJ 도서관에서 열린 여성 회의에서 연설하고 있는 글로리아 (오른쪽 아래).

이든 콘크리트벽이든 아무 상관이 없었다.

그녀 앞의 벽은 '오르라고 있는 벽'일 뿐이었다. 어떤 차별도 어떤 환경도 이 작고 귀엽고 끈질긴 담쟁이덩굴의 활동을 저지할 수 없었다. 그녀는 미국 페미니즘 운동의 스타로 떠올랐다. 담쟁이는 결코 혼자 올라가지 않는다. '더불어 함께' 벽을 탄다. 글로리아 역시 그랬다. 여남소노, 지역과 인종과 문화를 가리지 않고 누구와도 대화하고 누구든 도왔다. 사회적 약자들이 햇빛을 충분히 받게 하기 위해 항상 그들과 함께 담을 올랐다. 그렇게 이 아름다운 담쟁이덩굴은 세상을 정복했다.

"공감이야말로 인간의 감정 중 가장 급진적인 감정"이라고 말했던 글로리아 스타이넘. 방송대가 위치한 서울 대학로의 '샘터' 건물은 담쟁이덩굴의 대표적 영토다. 그곳을 지나며 글로리아 스타이넘, 현명한 전략가 페미니스트를 떠올려 보는 건 어떨까?

할미가 후손에게 꼭 부탁한다
너희들은 조상님들이
얼마나 고생을 했나 생각도 하며
금전과 권력에 눈이 어두워서는 못쓰느니라
사람이 해야 할 일 외에는
해서는 안 되느니라

매사는 자신이 알아서
흐르는 시대에 따라
옳은 도리가 무엇인가를
생각하여 살아가기 바란다

윤씨 할머니가 자손들에게 보내는 말이니라

「해주 윤씨 일생록」 중에서

윤희순
족두리를 벗어던진 희생가지

피투성이 발의 굴렁쇠 소년

1988년 서울 올림픽 개막식에는 지구인들을 숨죽이게 한 장면이 있었다. 조용한 푸른 잔디 위에서 8세 어린이가 굴렁쇠를 굴렸다. 평화와 화합을 상징하는 커다란 원이었다. 세계인을 감동시킨 이 무대는 이미 1941년 중국 땅에서 이뤄졌다. 여덟 살짜리 나라 잃은 고아 소년이 밤새 굴렁쇠를 굴리며 삼촌들의 일을 도와 항일독립투쟁의 연락책 임무를 수행했다. 해성에서 심양까지 200㎞가 넘는 길, 무순에서 심양까지

50㎞가 넘는 길을 굴렁쇠에 의지해 하루 이틀을 걸었다. 보안을 위해 신발을 벗어 들고 피투성이 발로 인적 없는 오솔길을 달린 소년의 모습이 50여년 후 해방된 조국에서 평화의 올림픽 개막행사로 재현됐다. 광복을 위해 달리고 달린 이 소년은 누구인가? 유연익! 한국 최초 여성의병장 윤희순 의사의 손자다.

왜놈들이 들으면 죽을 노래

1875년, 서울 해주 윤씨 가문의 딸이 춘천의 고흥 유씨 유제원에게 시집 왔다. 첫날 밤, 갑자기 불이 났다. 시아버지는 며느리를 안전한 곳에 피신시켰다. 하지만 열여섯 새색시는 가만히 앉아있을 수 없었다. 장삼과 족두리를 벗어던지고 불길을 잡는 데 뛰어들었다. 한국 최초의 여성의병장 윤희순(尹熙順, 1860~1935) 의사의 일화이다.

윤희순의 시댁은 아버지 윤익상의 화서학파 동문인 유홍석의 집안이다. 시부인 유홍석은 춘천을 대표하는 의병장이고 그의 6촌 형제인 유인석은 13도의군 도총재를 지낸 인물이다. 윤희순은 시아버지 유홍석을 모시며 일본제국주의에 저항하는 마음을 키운다. 1905년 을사늑약 이후 시부 유홍석과 남편 유제원이 다시금 의병투쟁을 위해 집을 떠난 후, 윤희순은 친척과 동네 사람들을 설득해 '안사람 의병단' 30명을 조직해 총탄을 제조하고 직접 군사훈련을 하며 무기와 군자금을 의병에게 전달하는 일을 했다.

당시 같은 마을의 친척 부인이 쓴 편지에는 "윤희순이 밤낮없이 노래를 하는데 부르는 가사가 왜놈들이 들으면 죽을 소리만 하니 걱정이로소이다. 실성한 사람 같습니다. (…) 요사이 윤희순이 누구냐고 묻는 사람이 있으니 조심하라고 일러주

춘천 의암공원에는 윤희순 의사 동상과
평화의 소녀상이 함께 있다[9]

옵소서"라는 내용이 있다.

그 노래는 윤희순의 대표작인 〈안사람 의병가〉였다. "우리나라 의병들은 나라찾기 힘쓰는데 우리들은 무얼 할까. 의병들을 도와주세. (…) 우리들도 뭉쳐지면 나라찾기 운동이요, 우리조선 아낙네들 나라 없이 어이 살리. 힘을 모아 도와주세." 윤의사는 이렇게 노래를 지어 함께 부르며 마을의 이웃과 친척들을 독려했다.

낮에는 낫을, 밤에는 총을

나무둥치와 뿌리가 나라라면 나무의 가지와 꽃과 잎은 나라에 속한 백성이다. 조선이라는 나무의 중요한 가지인 의병장 유홍석은 1910년 경술국치 이후 국권회복 투쟁을 위해 만주로 망명한다. 시부를 따라 중국 랴오닝성 깊은 산골로 이주한 며느리 윤희순은 교육의 필요성을 절감하고 1912년 '노학당'을 세워 교장으로 활동하며 50여 명의 애국지사를 길러낸다.

하지만 일제의 탄압으로 노학당은 3년 뒤 폐교됐고, 윤희순은 1913년부터 1915년에 걸쳐 시아버지와 남편이 별세했다. 그러나 중국인들을 독려하고 계몽해 조선족과 한족이 연합하여 일제와 대항하는 기반을 닦는다.

22세가 된 큰 아들 돈상을 비롯해 둘째와 셋째인 민상과 교상까지 세 아들을 일선으로 보내어 만주와 몽골에 흩어진 독립투사들을 다시 모으고 조직해 한중지사 180여 명으로 구성된 '조선독립단'을 1920년에 결성한다. 고국 땅에서 '안사람 의병단'을 조직했던 윤희순은 60이 넘은 나이에도 사돈 음성국, 아들 유돈상 등과 함께 가족부대를 결성해 낮에는 낫을 들고 밤에는 총을 들고 사격훈련을 하면서 무장투쟁의 준비를 게을리 하지 않았다.

　가족부대를 이끄는 윤희순의 신념은 "나라를 구하는 데 남녀 구별이 없다. 남을 가르치려면 내가 먼저 실력이 있어야 하고 내 집안부터 실행해야 한다"는 것이었다. 아들 유돈상은 조선독립단학교를 세워 반일사상과 사격술을 가르쳤으며, 조선혁명군 총사령관 양세봉과 무순습격작전(1932)에 참가하였다. 양세봉은 중국의용군 총사령관 이춘윤과 한중연합군을 조직한 인물이다. 윤희순의 조직적인 투쟁은 중국에서 일제를 위협하는 무서운 칼날이었다.

<u>희생가지의 고귀함</u>

　1920년 김좌진 장군과 홍범도 장군에게 대패한 일제는 삼

광작전(모조리 죽이고 모조리 태우고 모조리 뺏아감)을 벌여 만주의 무고한 한국인 3,469명을 학살하고 민가와 학교를 불살랐다. 그 시작은 윤희순의 집이었다.

윤희순은 일제의 방화로 불타는 집 속에서 두 어린 손자를 겨우 구해내고 터전을 잃고 다시금 떠도는 신세가 된다. 이어 큰아들인 유돈상이 일제에 체포돼 한 달여 모진 고문을 당하고 어머니 품에서 절명한다. 아들의 희생에 충격 받은 윤희순은 1935년 「해주 윤씨 일생록」을 집필하고 아들 사후 11일 만에 세상을 떴다. 76세였다. 최초의 여성의병장 윤희순의 유해는 돈상의 아들인 '굴렁쇠 소년' 유연익에 의해 이국땅에서 수습돼 1994년 10월 17일, 독립한 조국의 땅에 60년 만에 돌

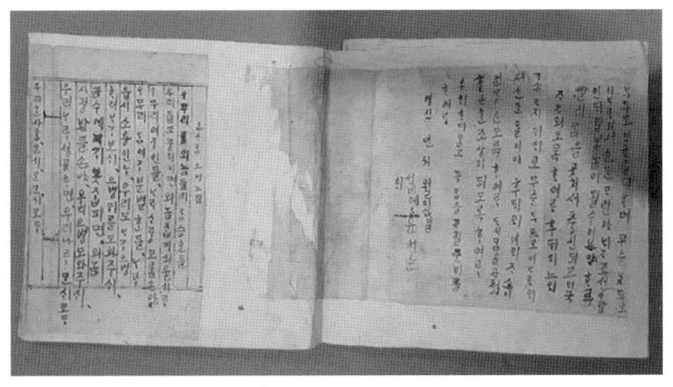

윤 의사가 직접 쓴 의병가사집

아왔다.

시어머니 윤희순의 사망 후 홀로 남겨진 며느리 음채봉은 어린 아들 둘과 유리걸식하다가 일제의 잔인한 고문에 지속적으로 시달리다가 1940년 33세의 삶을 마쳤다. 윤희순의 둘째 아들 민상은 1942년에 일제에 살해당했고, 셋째 아들 교상은 총에 맞아 불구가 됐다.

윤희순 의사 가문의 의기를 엿볼 수 있는 일화가 있다. 1910년 윤희순이 중국으로 떠나기 전, 왜놈 순사가 와서 어린 아들 돈상을 죽이겠다고 그녀를 위협하며 시아버지가 있는 곳을 대라고 했다. 그 때 윤희순 의사는 아들이 죽고 자신이 죽을지언정 나라를 위해 큰일을 하는 시부의 거처는 알려줄 수 없다고 했다. 젊은 며느리의 당당함에 왜놈 순사는 기가 질려 발길을 돌렸다.

윤희순의 생애는 빼앗긴 조국을 찾으려는 철저한 희생이었다. 남의 나라 깊은 산골로 숨어들어가 나무껍질로 연명하며 터를 닦아 학교를 세우고, 일제에 쫓겨 다시 거처를 옮기고, 중국인들을 설득하여 손잡고 공동의 적과 맞서고, 군사훈련을 하고 애국지사들을 규합했다. 남녀유별의 유학자 집안에서 시대와 상황을 적시해 글로 일제를 고발하고 여성의 몸으로 총을 들어 그들을 겨누었다. 시아버지와 남편이 절명한 후에도 어린 아들들을 독려해 험난한 이국땅에서 동지들을 규합, 수많은 가지와 잎을 피워냈다.

   윤희순 의사는 희생가지였다. 희생가지, 희생지는 나무의 줄기를 키우기 위해 살려두는 가지다. 굵고 긴 희생지는 수많은 잎을 피워내어 영양분을 만들어 나무를 키우고 살린다. 하지만 자신의 임무를 완수하고 나면 잘려 나간다. 윤희순 의사는 자신과 후손들을 철저히 희생했다. 대한민국의 광복을 위한 온전한 숙명으로 묵묵히 희생지의 임무를 수행했다. 그가 지켜낸 바로 그 땅에서 우리는 평화의 굴렁쇠를 굴린다.

왜 다른 사람을 무시하는가?
인간은 평등하고 또 서로 도와야 한다
이러한 신사상이 날로 유행하고
학생들의 이러한 외침이 날로 커져가고 있다

그러나 현재 대부분의 학생들은
자신들이 지닌 학식에 대해
마치 무슨 신기한 것으로 포장된
사회 특권층이나 된 것처럼 오해하고 있다

따라서 무지하고 빈궁한 농민이나
노동계의 곤궁한 동포들을 돌아보려 하지 않는다
나는 이러한 학생들이 고등교육을 받았다고 해서
'평등' '박애' '서로 돕기' 등을 어떻게 주장할 수 있는지
스스로 물어봐야 한다고 생각한다

덩잉차오, 「왜……?」 중에서

덩잉차오
대륙의 맹그로브

부엌칼로 지킨 아이

1904년 설날 직후, 중국 남방 광시성 난닝(廣西省 南寧)에서는 29세의 젊은 엄마가 태어난 지 한 달된 아기를 딸이라는 이유로 남에게 줘버리겠다는 남편에 맞서서 부엌칼을 들고 저항하고 있었다. 부인의 이 기개에 질려버린 남편은 아이의 양육을 허락할 수밖에 없었다. 이 아이가 바로 중국현대사에 큰 발자국을 남긴 덩잉차오(鄧穎超, 1904~1992)다. 덩잉차오의 어머니 양전더는 부유한 상인 집안의 외동딸로 태어났으나 14세 때

고아가 됐다. 똑똑하고 독립적인 양전더는 어릴 적 아버지가 가르쳐준 의학 지식으로 일하며 살다가, 주위의 권유로 홀아비 덩팅종과 결혼한다.

어머니 양전더는 시사에 관심이 많은 사람이어서 어린 아이에게 풍부한 교양과 지식을 가르쳤고 딸은 현명하고 용기 있는 어머니 밑에서 씩씩하게 자라갔다. 하지만 무관인 아버지가 급작스럽게 사망하면서 모녀의 힘든 삶이 시작된다. 어머니는 어린 딸의 손을 잡고 생계를 위해 광저우, 상하이, 톈진을 전전했고 일곱 살짜리 덩잉차오는 공장에서 수건을 짜며

1946년 난징에서 열린 전국헌법대회에서 남편 저우언라이와 함께[10]

어머니를 돕는다. 어머니의 헌신으로 덩잉차오는 9세 때 톈진의 즈리(直)제일여자사범 부속초등학교 4학년에 진학하고, 11세인 1915년에는 명문인 즈리제일여자사범학교 예과에 전체 3등으로 합격해 학비와 숙박비를 면제받고 공부하게 된다.

참호 속 동지

덩잉차오의 일생을 살펴볼 때, 이때까지가 엄마나무 가지에서 자란 시기다. 12세 때 교우회보에 우수작으로 뽑혀 실린 「국가의 진보를 이루어야」라는 최초의 글은 스스로 독자적 인생을 살아가는 첫 발자욱으로 볼 수 있다. 이 글에는 조국을 향한 어른스러운 고뇌와 의지가 가득하다.

맹그로브 씨앗은 매우 조숙해 엄마나무 가지에서 자라날 때 벌써 싹을 틔우고 원뿌리도 준비해 둔 채 독립할 날만 기다린다. 덩잉차오도 그랬다. 그녀는 아버지를 잃은 6세 때부터 어머니의 손을 잡고 중국 대륙을 전전하면서 당시 중국의 실정과 사연을 보고 듣고 피부로 감지하면서 조숙한 맹그로브 씨앗으로 만들어졌다. 엄마의 품을 떠난 잉차오는 격랑의 바다로 뛰어 들어 준비해 둔 뿌리를 내렸다.

1918년 11월, 제1차 세계대전이 마무리되면서 중국은 전

승국의 일원이 됐으나, 1919년 파리회의에서 중국의 권리는 일본에 넘어가고 말았다. 5월 4일, 베이징 대학생들이 톈안문 앞에 모여 들었고 15세의 덩잉차오도 이 애국의 물결에 결연히 합류했다.

소녀는 톈진여성계애국동지회에서 톈진각계연합회 회장을 맡고 강연단 단장이 된다. 그녀는 일본상품 불매운동을 벌이고 평민여학교의 경비를 위해 신극「안중근」「화목란」을 공연하고, 저우언라이가 편집하는〈각오〉에「왜……?」라는 글을 발표해, 평등과 수신에 관한 자신의 견해를 뚜렷하게 밝힌다. 덩잉차오는 이 시기에 평생의 반려자이자 동지가 된 저우언라이(周恩來, 1898~1976)와의 60여 년의 인연을 시작한다. 두 사람 모두 이상적인 자신들의 결합을 '참호 속 동지'이자 '지붕 아래 파트너'라고 고백했다.

70년짜리 호흡뿌리

덩잉차오는 거센 파도가 이는 현대 중국을 살았다. 신해혁명의 흥기와 청 왕조의 멸망, 위안스카이(袁世凱, 1859~1916)의 정권 탈취의 격랑 속에서 5·4 애국운동에 적극적으로 참가했다. 국민혁명의 승패가 엇갈리는 속에서 제2차 국내혁명을 전

개했고, 폐결핵에 걸린 몸으로 그 유명한 25,000리 대장정에 참여했다. 그녀는 저우언라이와 함께 항일민족통일전선 공작을 추진했으며, 국·공내전기에는 농촌에 들어가 해방구의 토지개혁운동과 여성운동에 힘썼다.

그녀는 평생의 동지인 남편 저우언라이 총리와 함께 25년간 나랏일을 보았으며, 총리 사후(1976) 70대의 나이로 전국인민대표회의 상무위원회 부위원장으로 세계 각국을 방문하는 활발한 정치외교 활동을 했다. 이후 1988년 모든 공직에서 물러났고, 1992년 7월에 88세의 나이로 영면했다. 그녀는 15세 소녀시절 강연단 단장시절부터 85세 할머니가 되기까지 70여 년간 정력적으로 자신의 신념과 나라의 강성을 위해 무섭게 달려온 인생을 살았다.

격변의 조국이라는 바닷물 속에서 그녀는 수많은 호흡근을 수면 위로 올려 자신과 동지들과 조국의 생존을 도모했다. 맹그로브 나무는 물속에서 살 때 호흡이 힘들기 때문에 수많은 호흡뿌리를 수면으로 올려 숨을 쉰다. 잉차오가 살아냈던 현대 중국은 숨쉬기 힘든 시기였다. 그녀는 여러 종류의 호흡근을 올려 모두 함께 숨 쉴 수 있도록 했다.

잉차오는 발랄하고 유쾌한 사람이었다. 예술적 소질이 뛰어나 홍군의 문화오락 활동은 물론이고 어느 자리에서든 멋진 노래를 불러주었고, 어린 시절 연극을 기획하고 주연을 맡으며 자신의 신념을 고취했다. 이러한 그녀의 긍정에너지는 많은 이들에게 희망과 용기를 선사했다.

15세에 강연단 단장으로 활동할 때는 수십 개의 강연단을 조직하고 지도했다. 그녀는 솔직하고 감동적인 연설로 군중들의 눈물을 끌어냈으며 폭우도 마다하지 않고 마을 집집을 다니며 애국에 앞장섰다. 쌍십절 시위행진 때에는 대나무 막대로 무장경찰의 모자를 낚아채 떨어뜨려 포위망을 뚫는 기지도 발휘했다. 그녀의 수많은 강연과 뼈대 있는 글들은 암울한 시절에 사람들의 '희망의 호흡뿌리'가 되어 숨통을 틔워주었다.

맹그로브 숲으로 남은 '덩 다제'

맹그로브 나무와 맹그로브 숲은 생태학적으로 매우 중요하다. 맹그로브가 수륙양생하기 때문에 이 지역에는 수천 종의 식물과 동물이 터 잡고 산다. 덩잉차오는 그런 존재였다. 신혼 초 난산으로 아이를 잃어 다시는 자신의 아이를 가질 수 없었지만, 보호가 필요한 아이들을 차별 없이 모두 품어 길렀다. 특히 1937년 상하이가 함락되고 화북·화동의 대규모 지역이 일제에 의해 짓밟혔을 때 '전시아동보육회'를 결성해 재난아동 구제활동에 힘썼다.

그녀는 특히 여성운동에 힘썼다. 1923년, 19세의 나이로 진보여성단체 '여성(女星)'을 발족하고 이듬해에는 중국 유일의 여성신문 〈부녀일보〉를 발간했다. 같은 해 5월에 〈여성〉에 실은 글에는 정직하고 깨끗한 남녀관계에 대한 그녀의 철학이 담겨있다. 잉차오는 남녀 간 사랑의 근원을 순수한 우정, 아름다운 감정, 상호 이해, 사상의 융합, 인생관의 합일로 보았으며, 두 사람 사이에 공통된 '배움'과 '업(業)'을 찾아야 이 사랑을 유지할 수 있다고 하였다. 이렇게 진실하고 순수하고 선한 이상적인 사랑이야말로 인생의 꽃으로서 인류사회의 미래에 좋은 영향을 끼친다고 설파했다.

젊은 날 여자사범학교 시절의 덩 (왼쪽).[11]
1973년 중국 공산당 전국대표대회 연단에서 덩샤오핑과 덩잉차오(오른쪽).[12]

덩잉차오와 저우언라이는 자신들의 부부생활의 소중한 경험을 가져와 결혼생활을 위한 지침인 '팔호 원칙'을 만들었다. 조혼·매매혼·전족 등의 굴레에 묶여 신음하는 여성들을 위한 활동을 펼쳤다. 딸이었기에 태어난 직후 버림받을 위기를 겪었던 자신의 운명과 그것에 치열하게 저항했던 어머니의 기개를 받아서 그녀 또한 평생을 여성의 삶을 돌보는 데 헌신했다. 덩잉차오는 따뜻하게 헌신하는 리더였다. 성치 않은 몸으로 25,000리 대장정에 올랐을 때, 아픈 동지를 위해 자신의 들것을 양보했고, 자신의 약을 건네는 사랑과 희생을 보여 주었다.

  맹그로브 나무가 뭍과 물에서 작고 연약한 생명들을 보듬어 기르듯 덩잉차오도 전 생애를 그렇게 살았다. 그러한 그녀의 행적은 평생 '덩 다제(큰 언니)'의 모습으로 중국인의 가슴에 아로새겨졌다. 지혜롭고 결기있는 엄마나무가 만들어 낸 걸작 덩잉차오는 조숙한 맹그로브 씨앗에서 시작해 위기의 바다에 몸을 던져 뿌리와 가지를 무수히 많이 키워냈다. 수많은 호흡근을 올려 애국의 숨통을 열었고 나아가 무수한 생명을 품고 살려냈다.

모든 가정은
그리스도를 위한 방을 가져야 한다
당신의 옷장에 걸려있는 외투는
가난한 자들의 것이다

만일 이웃이 굶주리면
즉시 먹여야 한다
국가 기관이나 자선 기관으로 달려가면 안 된다
당신 자신이 즉각 자비를 베풀어야 한다

도로시 데이, 『고백』 '해설의 글' 중에서

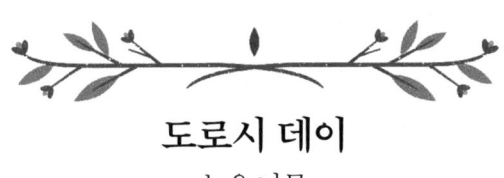

도로시 데이
누운 나무

대지진 속에서

캘리포니아 대지진의 혼란 속에서 대형 놋 침대에 혼자 남겨진 소녀가 있었다. 침대는 매끈한 마룻바닥 위에서 미끄럼을 탔다. 집은 바다 위의 배처럼 흔들렸고 집 뒤편 커다란 물탱크에서는 지붕 꼭대기까지 물이 솟아올랐다. 부모님은 엉겁결에 몸을 피하며 오빠와 동생을 데리고 갔고 공교롭게도 소녀 혼자만 집에 남아 있었다. 지진이 휩쓸고 간 집은 난장판이었다. 깨어져 바닥에 뒹구는 접시며 쏟아져 내린 책들, 떨어진

전등 장식, 굴뚝은 무너졌고 집 전체는 금이 갔다.

남겨진 소녀는 생각했다. '이것이 인생이구나!' 잠시 후 해안 건너편에서 지진으로 화재를 만난 이재민들이 배를 타고 오클랜드로 몰려왔다. 경마장에는 이재민을 위한 천막이 가설됐고 소녀의 가족과 마을 사람들은 모든 것을 이주민들과 나눴다. 어릴 적 대지진의 공포와 나눔의 기쁨은 소녀의 인생 전체를 관통했다.

이 소녀의 이름은 도로시 데이(Dorothy Day, 1897~1980), 인생의 지진으로 힘들어하는 사람들과 함께하며 그녀는 스스로 쓰러져 땅 위에 누운 나무토막으로 살았다.

1916년, 젊은 도로시 데이[13]

신의 의도는

도로시 데이는 뉴욕 브루클린 배스비치에서 1897년 11월 8일에 태어났다. 신문기자인 아버지 존 데이와 어머니 그레이스 사이에서 오빠 둘과 여동생을 두었다. 지진으로 인쇄소가 불타자 아버지는 새로운 직장을 찾아 시카고로 이주했다. 미시간의 호숫가 빈민 아파트에서 도로시 데이는 가난을 경험했다. 지하 공동 빨래터에서 여섯 식구의 빨래를 해야 했던 어머니는 가난과 노동에 지쳐 연이어 네 번의 유산을 했고, 큰 딸인 도로시는 집안일을 열심히 도왔다.

그러다가 아버지가 〈인터오션〉지의 스포츠 주간으로 자리를 잡아 노스 사이드의 주택으로 이사했다. 경제적 안정과 함께 늦둥이 여동생이 태어났고, 14세의 큰 언니 도로시는 갓난아기 동생을 전적으로 키우고 돌보면서 일찌감치 모성과 사랑을 느꼈다. 도로시는 조숙해졌고 불과 열다섯의 나이에 '하나님의 의도는 인간의 행복'이라는 진리를 깨달았다.

고등학교 3학년 때 신문사가 주관한 시험에 합격해 입학금과 수업료를 장학금으로 받게 된 도로시는 일리노이대에 입학한다. 아버지의 신문사가 마침 그해에 도산했으니 장학생이 된 것은 행운이었다. 17세에 집을 떠나 독립한 그녀는 교수댁에서 가정부로 일하는 등 닥치는 대로 노동했다. 글쓰기 모임에 가입해 처음으로 제출한 글이 '굶주림'에 관한 글이었으니 그녀의 독립심과 가난이 얼마나 지독했는지 알 수 있다. 그때 도로시는 세계의 명작들에 심취했다. 도스토옙스키의 모든 작품을 비롯해 고리키와 톨스토이도 읽었다. 독서는 그녀의 일이었다.

폭우 속에서

독립한 대학생 시절, 아버지가 뉴욕 〈모닝 텔레그래프〉에서 일하게 돼 가족은 이사를 하게 됐고, 도로시도 대학 생활을 접고 가족과 함께 이사했다. 뉴욕에서 사회주의 계열 일간지 〈콜(Call)〉에 취직하면서 다시 독립한 도로시는, 춥고 벼룩이 들끓고 악취가 심한 아파트에서 파업, 시위, 평화 촉구 집회가 벌어지는 곳이라면 어디든 달려가는 치열한 기자로 활동했다.

〈대중(The Masses)〉지로 옮겨 활동하다가 〈대중〉지 출판 탄압 이후 워싱턴에 가서 여성참정권론자 단체의 연합 시위에도 참가했다. 이 시위로 그녀는 처음으로 교도소 생활을 하고 단식투쟁도 경험했다. 언론인과 사회운동가로서 도로시의 인생 초반은 공산주의 혁명과의 만남이었다. 그녀는 브루클린 킹스

카운티 병원의 간호 실습생으로 1년간 일한 경험도 있다. 그곳에서 죽음과 질병 앞에 선 사람들의 생생한 고통을 목도했다.

도로시가 부부로 만나 사랑하며 지낸 남성은 영국인 혈통의 생물학자이며 아나키스트인 포스터 배터햄이었다. 자연과 생태를 사랑하는 그를 통해 도로시는 창조주 신의 곁에 다가서게 된다. 몇 명의 남성을 만나 낙태도 경험했던 도로시는 아이를 낳을 수 없다고 체념했는데, 포스터와의 사이에서 아이를 갖게 된다. 하지만 포스터는 당시 세상을 좋아하지 않았고 그런 세상으로 아이를 내보내고 싶어 하지 않았다. 그즈음 도로

세자르 차베스와 코레타 스콧 킹과 함께,
1973년 뉴욕의 세인트 존 더 디바인 대성당.[14]

시는 가톨릭 신앙을 향해 다가서고 있었는데, 포스터는 종교를 받아들일 수 없는 사람이었다.

도로시는 태어난 딸에게 다말 테레사라는 이름을 주었다. 다말은 '작은 종려나무'란 의미였고 테레사는 도로시가 롤 모델로 삼은 가톨릭 성녀였다. 아이가 태어나면서 도로시의 결혼생활은 휘청거렸다. 포스터는 다말을 사랑했지만 다말이 세례를 받는 것은 극도로 싫어했다. 결국 신경성 질환으로 도로시의 건강이 나빠지면서 둘은 결별했다.

굶주린 자를 먹이는 아파트

도로시는 사랑하는 남자와 헤어지면서 급진운동가로서의 삶도 떠나보냈다. 그녀는 교회 자체는 좋아하지 않았지만, 그 안의 '그리스도의 삶'은 사랑했다. 신념에 따라 도로시는 세례를 받고 그리스도를 본받는 생으로 들어갔다. 1927년 12월 28일의 일이다. 도로시는 천성적으로 세상을 긍정하고 이웃을 사랑하는 이였다. 그렇기에 남성과의 아늑한 사랑도 가능했다. 포스터와 헤어지기 이전의 삶은 하늘과 햇빛을 향해 줄기와 가지를 올리는 시간이었다 할 수 있다. 이제 그녀는 적극적이고 따뜻하게 식물적 삶을 살았다.

포스터와 헤어져 독실한 가톨릭 교인이 된 그녀는 매우 중요한 인물을 만나게 되고, 이후부터는 자신의 둥치를 스스로 잘라 땅에 누이고 갈 곳 없는 생명을 보듬어 키웠다. 그 시작은 기도의 응답이었다. 그녀는 매사추세츠 애버뉴에서 노동자들의 시위 현장을 취재하고 기사를 올린 후 눈물과 고통 속에서 특별한 기도를 했다. '보잘것없는 재주이오나 우리 노동자들과 가난한 이들을 위해 사용하도록 길을 열어달라'는 기도였다.

응답은 아주 빨랐다. 뉴욕으로 돌아온 그녀를 기다린 것은 특별한 인물, 프랑스인 농부 피터 모린이었다. 1909년 자작농 노동자로 캐나다에 들어온 그는 1911년에 미국에 들어왔다. 50대 중반의 피터는 그날그날 노동으로 벌어먹는 사람이었으며 성경의 가르침 그대로 먹을 것과 입을 것을 가난한 이웃에게 주는 사람이었다. 그래서 그는 굶거나 헐벗은 경우가 허다했다.

그는 그녀에게 가난한 이들을 위한 신문 창간을 제안했고, 1933년 5월 1일에 대공황의 진원지 뉴욕의 한복판에서 〈가톨릭 노동자(The Catholic Worker)〉 창간호 2,500부가 첫선을 보였다.

피터는 도로시에게 공동체를 제시했고, 도로시의 초라한 아파트가 최초의 '환대의 집'이 됐다. 이 집은 방랑하는 빈민을 형제자매로 맞아들이고 굶주린 자를 먹이는 곳이었다. 곳곳에서 자원봉사자들이 줄이어 찾아왔고, 수년 내에 미국 전역에 33개의 가톨릭 노동자들의 집과 농장들이 생겨났다.

〈가톨릭 노동자〉 신문은 서너 달 만에 25,000부를 발행했고, 기차 안, 여인숙, 광산의 갱도는 물론이고 로마, 멕시코에까지 무섭게 퍼져나갔다. 피터는 육체노동을 찬양했고 노동의 철학을 지지했다. 농업공동체에는 사람들이 넘쳐났고 봉사자들은 기꺼이 즐겁게 신문을 팔았다. 그러면서 길에서 생계를 유지하는 사람들과 우정을 쌓아 나갔다.

피터와 도로시가 중요하게 생각한 사람들은 가난한 이들,

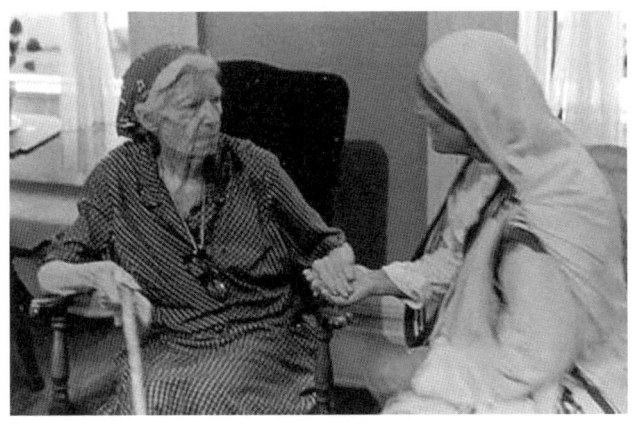

도로시 데이와 테레사 수녀[15]

쫓겨난 자들, 착취당하는 이들이었다. 가난과 극빈에 처한 사람들이야말로 그리스도께서 친히 불쌍히 여겨 택하신 이들로 존중했다. 피터 모린이 1949년 5월 15일에 세상을 떠난 후에도 도로시 데이는 1950년대 반전평화운동에 앞장섰으며, 인종차별철폐운동에 헌신했다.

살아있는 나무는 많은 생명을 키운다. 하지만 죽은 나무가 더 거대한 생명 종들을 살린다. 피터를 만난 후 도로시는 스스로를 땅에 눕힌 나무가 되어 엄청나게 많은 생명을 보듬어 길러냈다. 그렇게 아름다운 삶을 산 도로시는 1980년 11월 29일 소천했다. 그녀는 온전히 대지로 돌아갔다.

도로시의 롤 모델이었던 마더 테레사는 "오직 하느님만을 위해 그렇게도 많은 사랑과 희생을 바친 도로시 데이는, 예수라는 포도덩굴의 너무나도 아름다운 가지였다"라고 평가했다. 가톨릭 영성가인 헨리 나우웬도 그녀를 가리켜 "깨어진 인간의 상태를 가장 극심하게 드러내는 자들과의 긍휼에 근거한 연대가 무엇인지를 잘 보여주었다"라고 말했다. 김회권 장로교 목사도 "도로시 데이는 오늘날 한국의 복음주의 청년들이 추구하는 사회선교사의 모범이다"라고 그를 기렸다.

폐허 속의 도마뱀과 같은 손을 가진
이 작은 여자를 보라
나폴레옹을 닮은 이마에
금방 시력을 되찾은 장님 같은 눈을 한 여자

노래하는 이는
더 이상 에디트가 아니다
불어오는 바람과
우리를 감싸는 달빛이
노래하고 있다

실뱅 레네, 『에디트 피아프』 중에서
장 콕토의 에디트 묘사

에디트 피아프
거리의 풍매화

1963년 10월 14일

교회는, 평생 십자가 목걸이를 걸었던 그녀의 장례식을 거절했다. 하지만 팬들은 그녀를 차별하지 않았다. 그녀가 세상을 차별하지 않았듯이. 장례차를 따르는 사람들은 발을 구르며 슬퍼했고 로케트 거리의 길은 막혀 버렸다. 그녀를 떠나보내는 수백만개의 꽃송이들이 폭죽처럼 터졌다. 어떤 이는 군중에 밀려 그녀의 무덤 속으로 떨어져 들어갔다. 사람들은 그녀를 무덤 속에 버려둔 채 떠나지 못하고 날이 밝을 때까지 함께 했다. 1963년 10월 14일, 이 날은 프랑스의 국민가수 에디트 피아프(Edith Piaf, 1915~1963)의 장례일이었다. 그녀의 본명은 에디트 조반나 가시옹(Edith Giovanna Gassion)이다.

에디트는 신(Chine)거리의 트농병원에서 세상과 만났다. 그녀는 거리의 곡예사와 가수 사이에서 태어났다. 거리는 그녀의 집이고 무대, 학교였으며 터전이었다. 그 곳에서 그녀는 사랑과 꿈과 돈과 낭만을 배우고 익혔다. 에디트의 무대는 점점 넓어졌다. 클럽에서 극장으로, 프랑스에서 미국으로. 아버지 루이 가시옹과 어머니 린 마르사는 거리에서 만났고 금방 헤

샹송의 거목 에디트 피아프[16]

어졌다. 린은 갓난아기를 친정엄마에게 맡겼다.

　아버지 루이 가시옹이 아기를 찾아갔을 때 환경은 매우 열악했다. 에디트는 2세 때 베르네에서 여관을 운영하는 친할머니에게 옮겨져 몸 파는 여인들의 사랑을 받고 자랐다. 영양실조로 각막염에 걸려 실명했었는데 아이를 아끼는 여인들이 테레사상에 기도하여 기적적으로 눈을 떴다. 그때부터 아이는 평생 십자가 목걸이를 몸에서 떼지 않았다. 8세부터 에디트는 아버지와 함께 거리 생활을 시작했다.

거리에서 인생을 배우다

　아버지는 곡예를 하고 딸은 모자를 들고 돈을 거뒀다. 그렇게 15세까지 지내다 독립하여 혼자 노래하며 생활을 이어갔다. 그러다 루이 루플레의 눈에 들어 제니스 클럽에서 노래하게 됐다. 1935년, 스무살이 되던 해였다. 루이는 에디트에게 '참새'라는 뜻의 '피아프'라는 예명을 지어주고, 마들렌 극장에서 노래할 수 있게 해줬다. 에디트의 뛰어난 재능이 꽃 피울 무렵, 급작스레 루플레가 살해되면서 에디트는 경찰조사를 받게 되고 추문의 중심에 섰다.

　'파파 루이'였던 루플레의 죽음으로 나락에 떨어진 그녀는 다시금 몇몇 은인들의 도움을 받으며 가수로서 성장했다. 자크 브루제는 그녀에게 글쓰기를 가르쳤고, 레몽 아소는 엄격한 노래교육과 무대예절을 교육시켜 1937년 뮤직홀 ABC에 데뷔시켰다.

또한 평생의 매니저인 루이 파리에도 만났다. 거리에서 배운 세상의 법칙과 타고난 재능과 열정으로 에디트는 상실을 딛고 단숨에 정상의 자리에 올랐다. 그녀는 거리의 생활원칙을 버리지 않았다. 매일 벌어 매일 쓰는 자유로움, 누구와도 친해지는 개방성, 밤새 이어지는 떠들썩한 파티와 노래, 오가는 연인과의 사랑, 찰나를 불태우는 정열…. 처음 거리에서 노래할 때나 샹송의 거목이 됐을 때나 그녀의 삶은 한결같았다.

숭배하는 이들이 찾아들다

에디트의 넓은 집은 그녀에게 곡을 팔려는 사람들로 붐볐으며 그녀의 침실은 애인들로 채워졌다. 에디트의 평생은 자유와 열정, 사랑과 노래였다. 그 어떤 망설임이나 두려움도 없었다. 더 이상 자신을 키워줄 사람이 필요하지 않았다. 오히려 자신이 키울 사람을 고를 차례가 됐다. 에디트가 키워낸 대표적인 가수는 이브 몽탕이다. 부두 노동자였던 이 이태리 청년은 에디트의 연인이 되어 빼어난 가수로 자라났다. 그들의 사랑은 「장밋빛 인생(La Vie En Rose)」이란 노래로 알려졌다. 조르주 무스타키도 에디트의 손에서 성공했다.

에디트는 격정적이고 독립적인 여성이었다. 그녀를 에워싼 친구와 애인들은 에디트가 만들어내는 바람과 그녀가 흩뿌리는 꽃가루에 휘둘려야 했다. 충매화는 곤충의 도움으로 수분하지만 풍매화는 바람을 매개로 한다. 그래서 더욱 독립적이다. 풍매화는 엄청난 양의 꽃가루를 만들어 사방으로 흩날린다. 에디트는 풍매화였다. 풍매화로 태어나 바람 속에서 자랐고 큰 나무가 되어서는 세상이 감당할 수 없을 만큼의 꽃가루를 만들어 흩뿌렸다. 그녀의 꽃가루, 열정이란 꽃가루에 세상은 열광했다.

147센티미터의 빈약하고 중성적인 외모로 검정드레스를 입고 무대에 오르는 그녀는 누구도 흉내낼 수 없는 웅장하고 마력적인 목소리와 창법으로 청중을 사로잡았다. 커튼콜을 무려 22번 소화한 적도 있다. 거리의 악사로 시작한 에디트의 절절한 노래는 사람들의 마음을 잡아 흔들었다.

에디트를 숭배하는 이들이 찾아들었다. 그 중에는 13세부터 팬이 된 소년, 전쟁 속에서 그녀의 노래를 들으며 목숨을 부지한 청년도 있었다. 에디트의 마법의 꽃가루는 숨 막히게

독하고 중독적이었다. 그녀의 마력에 끌려서 수많은 남자들이 그녀 곁에 왔다. 어떤 이는 그녀에게서 잇속을 챙기기도 했다.

연인, 연인, 연인들

거리생활 모범생답게 그녀는 매일 파티를 열고 수십 명의 친구들을 먹였다. 그녀와 일과 사랑을 나눈 남성은 기록된 것만도 30명이 넘는다. 에디트의 연인 중 세계권투 챔피언 마르셀 세르당은 그녀 인생에 큰 족적을 남겼다. 부드러운 감성의 소유자인 그는 유부남이었는데, 에디트와의 사랑을 부인하지 않았다. 하지만 가정을 외면할 수도 없었다. 1949년, 마르셀은 연인의 급한 부름에 달려오다 아틀라스제도 르돈트산 정상

1946년 디애나 아비뉴 49번지에서 열린 샹송 콩파뇽에서 (왼쪽)[17]
1962년 두 번째 남편 테오 사라포와 함께한 피아프 (오른쪽)[18]

에디트 피아프

에서 비행기 추락사고로 죽는다.

 죽은 연인에 대한 에디트의 상실감과 죄책감은 크고 깊었다. 그의 죽음 이후 심령술에 빠지기도 했다. 그녀가 직접 작사한 노래 「사랑의 찬가」에는 지울 수 없는 마음이 담겨있다. 그의 사후에도 에디트는 많은 애인을 두었다. 빈 마음을 사랑으로 채워야 했다. 샹송작가, 자전거 선수, 배우, 화가, 미용사 등 직업도 다양하고 나이도 그랬다. 에디트는 이렇게 고백했다. "나는 바다와 같기 때문에, 단 한 남자를 위해서는 내 사랑이 너무 커. 내 심장은 너무 크기 때문에, 나는 모든 땅 위에다 사랑을 쓸 수밖에 없어."

게이트폴드 에디션 음반에는 에디트 피아프의 18개 트랙이 담겨 있는데,
1946년부터 1961년까지 그녀가 애창했던 노래들에서 선곡했다.
커버에는 21세의 어린 모습이 담겨 있다.

곤충에 의해 수분하는 충매화가 아닌 무지막지한 바람에 의해 수분하는 풍매화의 삶을 살았던 위대한 가수 에디트 피아프의 엄청난 인생 스케일에서 중요한 사람들이 몇 있다. 그녀를 발굴해준 루이 르플레, 그녀를 데뷔시킨 레몽 아소, 가장 많은 곡을 준 앙리 콩테, 평생의 매니저 루이 파리에, 최고의 연인 마르셀 세르당, 그녀가 죽기 직전까지 용기를 준 쟝 콕토 그리고 남편인 21세 연하의 테오 사라포(본명은 테오파니 랑부가스)다.

깁스를 하고 진통제를 맞으며

바람으로 살아간 에디트의 생애에는 사고도 많이 따랐다. 무려 세 번의 교통사고로 어떤 때는 가슴에 깁스를 한 채 노래하기도 했다. 그녀의 연인들에게도 사건사고가 많이 있었다. 8년간 그녀의 비서를 했던 클로드 피귀스는 에디트를 떠난 후 자살했고, 23세 청년으로 그녀의 사랑을 받은 더글러스 데이비스는 비행기사고로 죽었다. 남편인 테오파니 랑부카스도 1970년 자동차사고로 죽었다.

에디트는 1951년부터 죽을 때까지 12년간 세 번의 자동차사고, 자살미수, 마약중독, 알콜중독 발작, 광기발작, 간장병,

기관지염, 폐렴, 폐수종을 치렀다. 하지만 불사조로 노래했다. 그녀는 노래하지 않으면 죽는 게 낫다고 했다. 무대에서 수없이 쓰러지면서도 진통제를 맞으며 노래했다.

그녀를 어떻게 표현할까? 목숨을 건 전사이며 불사조 가수, 어린 시절 받지 못한 사랑을 평생 갈구했던 여성, 작은 씨앗으로 태어나 바람에 흩날리다 탐스런 열매를 맺은 큰 나무, 타인을 돕고 키우는 걸 행복해했던 멘토, 자신의 비참했던 어린 시절을 기억하며 가난한 자에 관대했던 자선가, 사랑하는 이에게 꿈을 주고 아낌없이 퍼주는 삶을 살았던 사람!

작고 거대한 에디트 피아프는 파리의 페르라세즈 묘지에 아버지 루이 가시옹과 합장돼 사랑과 정열의 꽃가루를 흩날리고 있다. 우리는 그녀의 꽃가루에 취해 그녀를 음미한다. 에디트 피아프!

미국에서 한국으로 돌아갈 때
다들 만류했어요
왜 잘사는 미국에서 눌러 살지
못사는 한국으로 돌아가나 의아해했죠
곧 한반도에 전쟁이 일어난다는 이야기도 들었고요

그러나 전 풍요로운 미국에서
나 혼자 잘사는 건
옳지 않다는 생각이 들었어요
남들이 못하는 공부를 미국까지 와서 했으니
어떤 형태로든 고국으로 돌아가
남들에게 '도움이 되는 사람'이
돼야 한다고 생각했죠

최효안, 『노라노 우리 패션사의 시작』 중에서

노라 노
바다에 뜬 문주란

스무 살의 이혼녀

1947년 여의도 공항에서 가족들과 작별하고 혼자 노스웨스트 항공 비행기를 타고 미국으로 떠난 여성이 있었다. 20세의 이혼녀 노라 노, 노명자(1928~)다. 그 누구도 그녀의 미국 유학길을 찬성하지 않았다. 아버지만이 딸의 앞길을 응원했을 뿐! 방송인 아버지와 아나운서 어머니 사이에서 10남매 중 차녀로 태어난 노명자는 남부러울 것 없이 자랐다. 일제 치하에서 태어난 노명자가 경기여고 졸업반 재학 중이었을 때 제2차 세계대전이 발발했다. 부모님은 딸이 정신대에 끌려 갈 것을 두려워해 급하게 결혼을 시켰다. 신랑은 7세 연상의 일본군 장교인 신응균이었다. 그는 일본 육군사관학교를 졸업한 포병 대위로서 일본에서 근무 중이었다. 신혼부부는 도쿄 인근 포술훈련소 장교 사택에 살림을 차렸지만 신랑은 곧바로 전쟁터로 향해야 했다. 오키나와 전선으로 차출된 것이다.

어린 새댁은 홀로 귀국해 황해도 해주의 시댁으로 갔다. 출산한 시어머니를 대신해 대가족의 살림을 떠맡았다. 노명자가 잠시 친정에서 쉬고 있을 무렵 이혼을 요구하는 시댁의 편지

한국 패션계의 대모 노라 노

를 받았다. 전쟁터에서 생사를 알 수 없어 죽었으리라 추정되는 아들의 보상금이 며느리에게 돌아가는 것을 방지하고자 한 처사였다. 새댁의 나이는 19세였다. 1년 후 남편은 살아 돌아오지만 결국 그들은 이혼하게 되고, 남편과 시댁에 충실했던 어린 새댁은 회한만 가득 품은 이혼녀로 전락했다. 회한은 '분노'로 변하고 소녀는 스무 살 '어른'이 됐다. 하지만 시댁과 세상의 비아냥과 냉대는 그녀가 다시 일어설 힘이 됐다. 노명자는 '인형의 집'을 뛰쳐나온 '노라'가 되어 미국행을 실행했다.

퍼스트 레이디의 옷

미국에 도착한 노라는 로스엔젤레스 프랑크웨건테크니컬 칼리지에서 패션디자인 공부와 병행해 의류 공장에서 일했다. 그녀는 그 곳에서 옷은 아름다우면서 동시에 기능적으로 우수한 실용성을 갖춰야 함을 깨달았다. 2년의 유학생활을 접고 한국행을 결심했을 때 조국의 사정은 힘들었다. 여순사건 등 좌우 이념 대립이 심했고 가정적으로는 아버지의 회사가 부도를 맞았다.

모두의 만류를 뒤로 하고 그녀는 귀국길에 올랐다. 가족을 돌봐야 했고 조국을 외면할 수 없었다. 특히 한국의 근대화를 위해 미국 패션교육을 받은 자신이 꼭 할 일이 있을 것이라는 소명감을 가지고 있었다. 1년 후 한국전쟁이 터지고 부산으로 피난 갔을 때, 노라는 평생에 단 한 번 크게 후회했다. 자원봉사를 하는 야전병원에서 무참하게 죽어가는 사람들을 보면서 패션 대신 의학을 공부했어야 했다는 마음이었다.

　서울로 올라온 노라는 퇴계로 의상실을 다시 오픈하는데 주고객은 미군을 대상으로 공연하는 연예인들과 각종 연극과 쇼에 출연하는 가수와 배우들, 그리고 한국은행 간부 부인들이었다. 전쟁 통에도 사람들의 삶은 지속되고 문화와 예술은 죽지 않는다. 패션도 마찬가지였다. 1953년 휴전 후 연극과 영화가 활발해지면서 사람들은 노라를 찾았다. 미국이라는 거대한 땅에서 패션을 공부한 그녀의 감각과 창의성이 절실하게 필요했다. 노라는 국립극장 전속극단 신협(신극협의회)과 호흡을 맞췄다. 셰익스피어 작품을 위해 어머니의 최고급 벨벳치마를 가지고 햄릿 의상을 만드는 열정을 보였다.

　의상실이 자리잡히자 노라의 공부열은 다시 타올랐다. 이제는 파리연수였다. 1년여 프랑스어 공부를 마친 그녀는 1956년에 집 두 채 값의 연수비용을 손에 쥐고 파리 아카데미 쥘리엥으로 향했다. 노라는 반년 간의 연수기간 동안 스페인, 이태리, 스위스 등 유럽 전역을 오가며 그들의 문화를 체험했다.

가을에 서울로 돌아온 29세의 노라는 배우고 경험한 것을 한국 패션계에 적용하기 위한 고민을 거듭하고, 그 첫 발걸음으로 옷감의 국산화를 시작했다. 노라는 곧바로 국산 모직 원단을 소재로 한 한국 최초의 패션쇼를 열었다(노라의 비공식 패션쇼는 1953년에 개최됐다).

그녀의 행보는 계속 이어져 1950~60년대 은막 스타들의 의상을 전담했다. 최지희, 최은희, 진미령, 엄앵란, 조미령 등 최고 스타들의 코디네이터이자 멘토로 활약했다. 노라의 견문과 창의성은 1959년 미스유니버스 대회에서 미스코리아 오현주의 샤프롱으로 활약하면서 인기상, 포토제닉상, 스피치상, 의상상을 수상하게 했다. 이후 국격을 높여주는 퍼스트 레

노라 노는 직접 옷감을 재단하는 걸 즐겼다[19]

이디의 의상 제작도 그녀의 몫이었다.

미니스커트와 판탈롱

노라의 매장이 서울의 중심 명동에 진출했을 무렵, 그녀는 조용히 두 번째 결혼식을 올렸다. 상대는 한국전쟁 때 부산에서 만난 짐 핀클이었다. 그는 당시 미군 소령으로 부산병원에서 부상병과 환자들을 돌보고 있었다. 패션을 공부한 것은 후회할 정도로 환자들을 애틋하게 돌보았던 노라와 한 생명이라도 더 살려내고자 뛰어다녔던 미국 군인은 그렇게 만났다. 짐 핀클은 10년 후 중령이 되어 한국에 부임하고 노라를 찾아와 청혼한다.

노라는 남편을 따라 1965년 하와이에 정착했다. 다시금 미국으로 간 노라는 하와이에서 쇼룸을 구하고 매장을 열었다. 그녀는 방송에 나가 패션쇼를 하고 미스하와이 선발대회 심사위원과 하와이대 특별 강사로 초빙됐다. 16년 만에 다시 시작한 미국 생활에서 노라는 빠르게 인정받으며 성공했다. 남편과 하와이에서 새 생활을 시작했으니 조국과 가족은 그녀의 마음을 놓아 주지 않았다. 결국 노라는 1966년에 결혼생활을 접고 다시 한국으로 향했다.

당시 한국의 대중문화는 급속히 발전하고 있었다. 1960년대 초반에 미국과 유럽에서 가수로 활동하다 귀국한 윤복희에게 과감한 미니스커트를 입힌 것은 노라였다. 흰 칼라가 달린 검정색 미니원피스였다. 펄시스터즈에게는 섹시하면서 활동적인 판탈롱을 만들어 주었다. 미니스커트와 판탈롱은 여성들에게 큰 반향을 불러 일으켰다. 잠깐 동안의 미국생활은 사업가로서의 그녀를 성장시켰다. 미국의 패션계는 맞춤복에서 기성복으로 빠르게 바뀌고 있었다. 노라에게는 기성복에 접근할

그를 주인공으로 한 다큐영화도 나왔다

수 있는 데이터가 있었다. 많은 여성에게 옷을 맞춰 주면서 평균사이즈를 통계로 만들어 둔 자료였다. 노라의 기성복은 명동 미우만 백화점 매장에 전시됐고 출시 첫 날 매진됐다.

동시에 국산 원단을 향한 그녀의 집념 또한 거세어졌다. 1973년에 노라는 국산 고급 실크를 개발했다. 실크의 염색 과정에는 물에 씻어내는 작업이 필수인데, 당시에는 시스템이 미비했다. 노라는 한강에 돛단배를 띄우고 실크 원단을 매달아 배가 움직이면서 실크가 물에 씻기도록 했다.

1973년에는 정부 지원을 받아 파리 프레타포르테(기성복 패션 박람회)에서 한국 패션사상 최초로 2만 달러 수출을 달성한다. 같은 해에 노라의 실크 드레스는 미국 뉴욕 삭스 백화점에 진출했다. 다음 해인 1974년에는 한국인 최초로 미국 뉴욕에서 바이어 대상 패션쇼를 열었다. 뉴욕 맨하튼 플라자 호텔에서 '노라노 실크 패션쇼'가 개최된 것이다. 노라의 미국 시장 진출은 급물살을 탔다. 1979년이 되자 뉴욕 7번가에 자신의 이름을 건 쇼룸을 열었고, 뉴욕 최고급 백화점인 메이시 백화점 1층 쇼윈도가 노라노 제품으로 도배되었다.

무거워도 물에 뜬 씨앗들

노라 노의 인생은 문주란(文珠蘭)처럼 품위 있고 묵직하고 부력이 크다. 문주란은 희고 우아하며 그윽한 향이 나는 꽃을 피우는데, 모든 꽃이 한 꽃대에 모여서 핀다. 꽃이 지면 씨앗이 들어있는 씨방이 부풀기 시작하는데 꽃대가 버틸 수 없을 만큼 부풀어 오른다. 20여 개의 씨방 전부가 호두알 만하게 커지는 것이다. 꽃대가 쓰러지면 무거운 씨앗들은 경사진 모래사장을 굴러 바다로 들어간다. 문주란 씨앗은 무겁지만 희한하게 물에 잘 뜬다. 그래서 거센 바다의 힘을 빌려 남쪽에서 출발해 태평양을 건너 제주도까지 온다. 제주도 성산일출봉 근처의 토끼섬은 문주란 일색이다.

올해 96세인 노라는 여전히 꼿꼿하고 규칙적으로 일하는 현역이다. 그녀는 자신을 '철없는 건달'이라고 부른다. 분노는 그녀를 성장시켰고 철없음은 그녀를 안주하게 두지 않았다. 그녀의 내면은 옹골차고 무겁지만 변화의 물결에 자신을 둥둥 띄울 수 있는 '철없음'을 지녔다. 100세를 바라보는 그녀는 지금도 바다로 뛰어들어 새로운 세계를 꿈꾸는 문주란이다.

나는 인간으로서 살고 있습니다
나는 '연약한 성을 지닌'
여성으로 간주되는 것을 거부하는 동시에
그런 전제 위에서 내게 제공되는
모든 은혜를 단호하게 거절합니다

개인의 가치와 평등한 권리 위에 선 결속
그것만을, 오로지 그것만을 긍정합니다
그것이 바로 인간 상호간에
정당한 관계이기 때문입니다

「여사형수의 편지: 가네코 후미코가
모씨에게 보낸 옥중 통신」 중에서

가네코 후미코
천황에 맞선 국화쥐손이

호적이 없는 인생

1926년 7월 27일, 일본 우쓰노미야(宇都宮) 형무소 도치기출장소의 차가운 감방에서 23세 여성의 시신이 발견됐다. 의문스러운 사망이었다. 그녀의 유골은 생전에 그녀의 뜻에 따라 남편 박열(朴烈, 1902~1974. 본명은 박준식)의 형 박정식에 의해 시가인 경상북도 문경시 문경읍 산중턱에 묻혔다. 그녀는 가네코 후미코(金子文子, 1903~1926), 한국 이름은 박문자(朴文子)다. 가나가와현(神奈川縣) 요코하마시(浜市)에서 아버지 사에키 분이

치와 어머니 가네코 기쿠노 사이에 태어났다. 아버지는 지방 명문가의 아들이었고, 어머니는 평범한 농가의 딸이었다.

후미코는 아버지의 살가운 사랑을 받고 자랐지만, 네 살 때 아버지가 처제(후미코의 이모)인 다카노와 함께 살게 되면서 불행해진다. 게다가 아버지가 후미코의 어머니 기쿠노와 혼인신고를 하지 않았기 때문에 그녀는 무적자(無籍者) 신세로 전락한다. 호적이 없는 인생은 투명인간으로 살아간다는 뜻이었다. 어머니 기쿠노가 여러 남자의 그늘을 전전한 것도 후미코에게는 힘든 일이었지만, 그보다 더 슬펐던 것은 무적자이기 때문에 학교 교육을 받을 수 없는 일이었다.

1912년 후미코가 열 살 되던 해에 조선에 살고 있는 할머니가 그녀를 찾아온다. 후미코는 고모의 양녀가 되기 위해 조선으로 가게 되는데, 그전에 외조부 가네코 도미타로의 호적에 올려졌다. 할머니는 손녀를 잘 양육하겠노라 약속하고 충청북도 청주군 부용면 부강리로 데려갔다. 후미코는 조선에 와서 학교에 다닐 수 있었다. 그녀의 고등소학교 성적은 뛰어났다.

하지만 후미코는 할머니가 약속한 대로 양녀, 혹은 손녀로서의 대우는 받지 못했다. 그녀는 할머니의 기준에 못 미치는 '무적자' 아이로 낙인 됐고, 결국 열두 살 때부터는 하녀 신세로 살아야 했다. 어린 그녀의 삶은 처절했다. 학교가 끝나면 지체 없이 집으로 돌아와야 하는 후미코의 일상은 철두철미 감시의 대상이었다. 하녀가 하는 일을 도맡아 했고 하녀 취급을 받았다. 어쩌다가 실수를 하면 심한 매질과 발길질이 돌아왔다. 아무 것도 먹이지 않고 가둬 버리거나 추운 겨울날 집밖으로 내쫓기도 했다.

어린 후미코는 부강역과 가까운 강변으로 달려가 투신자살을 하려 했는데, 이때 그녀를 구원한 것은 아무런 차별 없는 자연이었다. 강 맞은편의 아름다운 부용봉은 그녀의 지친 영혼을 감싸주었다. 일본에서 어머니와 살 때도 후미코는 자연 속에서 위로를 받았던 적이 있다. 여덟 살 때 나마나시현 고소

2023년 5월, 이달의 독립운동가로 선정된 후미코[20]

테라는 산간 작은 마을에서 산 적이 있었는데, 그녀는 훗날 자서전에서 이 평화롭던 마을을 '그리운 나라'로 회상했다.

박열의 글을 읽고

후미코의 일생은 차별과 학대로 물들어 있다. 그녀를 끝까지 괴롭힌 '차별'은 여성이라는 점과 무적자라는 신분이었다. 그녀는 어린 시절 학교와 세상에서 당한 무적자 차별의 상처를 지울 수 없었다. 성인이 된 그녀가 찾아낸 차별의 원인은 권력이었다. 불평등은 권력이 만들어 낸 인위적인 법률과 도덕에서 비롯된 것이라고 그녀는 생각했다. 따라서 "자연적 존재라는 기초 위에 서서 이 지상에 살고 있는 모든 인간들의 행동은 인간이라는 단 한 가지만으로도 하나같이 평등한 인간적 행동으로 승인받아야 마땅하다"라고 그녀는 생각했다.(가네코 후미코의 「재판기록」 중에서)

1919년 4월, 열여섯 살의 후미코는 할머니 손에 이끌려 조선을 떠나 일본으로 돌아왔다. 아버지를 만났지만, 앞길은 먹구름이 가득했다. 아버지는 딸을 스님인 외삼촌과 결혼시켜 절의 재산을 차지하려는 비열한 계략을 꾸미고 있었다. 이 일은 다행히 무산됐지만, 육친으로부터 또 다시 깊은 상처를 입은 그녀는 도쿄로 향할 수밖에 없었다. 그 곳에서 신문을 팔기도 하고 가정부로 일하기도 하며 고학을 하던 중에 사회주의자들과 교류하게 되고 1922년 2월, 그녀가 뿌리박을 땅이며 평생의 동지인 조선인 박열과 마주한다.

박열은 경상북도 문경군 마성면 오천리의 명문가에서 태어났다. 그는 3·1독립만세운동에 참여한 후 일본으로 건너왔다. 이후 사회주의와 공산주의를 거쳐 아나키즘으로 선회했다. 후미코는 박열의 글을 읽고 박열을 만나 적극적으로 구애했다. 그녀는 박열과 동거하면서 흑도회(黑濤會)에 참여해 기관지 〈흑도(黑濤)〉를 함께 발행했다. 이후 흑우회를 만드는 데 참여했고, 기관지 〈후데이센진(太い鮮人)〉 1·2호와 〈현사회(現社會)〉 3호를 간행했다. 1923년 4월에는 일본인도 함께 참여한 불령사(不逞社)를 박열과 함께 조직하는 등 아나키즘 운동에 적극적이었다.

기록상으로는 자살이었다

후미코는 1923년 9월 1일 일어난 간토대지진의 혼란 속에서 박열과 함께 보호 검속 명목으로 연행돼 황족과 정치실권자에게 폭탄을 투척하려 한 대역(大逆) 사건으로 기소됐다. 그녀는 법정에서 천황제는 지상의 평등한 인간생활을 유린하는 권력이라고 천명하고 전향 요구에 응하지 않았다. 1926년 3월 박열과 함께 사형 판결을 받았다가 무기 징역으로 감형됐지만, 옥중에서 저항하다 의문의 죽음을 맞았다. 기록상으로는 '자살'이었다.

호주 남부에 사는 국화쥐손이(Erodium stephanianum)는 보랏빛 줄이 그어진 다섯 장의 하얗고 청초한 꽃잎을 가진 꽃이다. 씨앗에는 투창모양의 씨방자루가 달려있다. 스프링 같은 꼬리를 가진 씨앗은 공중으로 발사된다. 이 씨앗은 땅위에 떨어져 있다가 비오는 날 꼬리를 감으면서 그 힘으로 땅 속으로 들어

후미코의 남편이었던 박열. 한국전쟁 중 납북됐다.[21]

간다. 수직의 각도를 맞추어 땅을 파는데 씨앗 크기의 1.5배만큼 파고 들어간다. 그런데 땅이 건조해지면 스프링이 다시 감겨 원상태로 돌아가고는 다음 비가 올 타이밍을 기다린다.

가네코 후미코는 국화쥐손이 씨앗처럼 건조한 땅과 바위를 전전하며 자신의 터전을 찾기 위해 인내와 시련의 날들을 지속했다. 투창을 지닌 씨앗으로서 그녀의 삶은 고달팠다. 아버지는 그녀를 아예 무적자로 만들었고, 어머니는 그녀를 데리고 이 땅 저 땅을 전전하는 통에 그녀는 어디에도 안착할 수 없었다. 그 때마다 그녀는 스프링을 되감아 기약 없이 좋은 땅

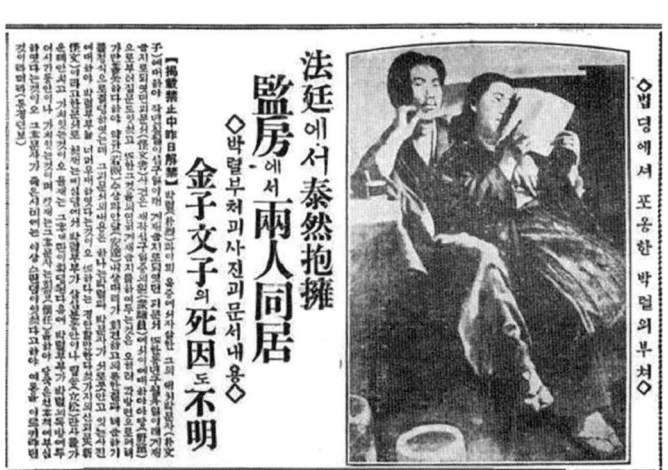

수감중에 사망한 후미코를 소개한 〈동아일보〉 1927년 1월 21일 기사[22]

과 비를 기다려야 했다. 부모와 친척, 조국인 일본은 그녀가 온전한 삶을 살 수 있도록 도울 수 없는 땅이었다.

자립심 강하고 인내심 깊은 후미코가 찾은 땅은 박열과 조선이었다. 할머니 집에서 경험한 조선의 기억은 따뜻하고 정겨웠다. 그 기억 탓이었을까? 그녀는 박열을 한 눈에 알아보았다. 그리고 그와 함께 조선이 지닌 생명력을 느끼고 조선의 품에 안겼다. '대역죄'로 검거된 이후 후미코의 신문조서를 보면, 그녀의 선택을 이해할 수 있다.

"그 어떤 조선인의 사상으로부터 일본에 대한 반역적인 기분을 없앨 수는 없을 것입니다. 저는 다이쇼 8년(1919년) 조선에 있으면서 조선의 독립 소요의 광경을 목격하고 저조차 권력을 향한 반역적인 기분이 들었으며, 조선 분들이 하고 계신 독립 운동을 생각할 때면 남의 일 같지 않게 감격이 가슴에 벅차오릅니다."

1924년 1월 23일 제4회 신문조서 중에서

결국 후미코는 천황의 일본을 버리고 조선의 여인으로 거듭났다. 지금 그녀의 묘소는 문경시에 있는 박열의사기념관의 공원 입구에 모셔져 있다. 2018년, 사후 92년 만에 대한민국 독립유공자로 인정받아 건국훈장 애국장이 수여됐다.

당은 혼자서 걷는 법을 배워야 하고
앞으로는 헬무트 콜과 같은 백전노장 없이도
정치적 라이벌과의 싸움을
헤쳐나갈 수 있음을 믿어야 한다

당은 사춘기를 맞은 아이처럼
집으로부터 정신적인 독립을 하고
자기의 길을 가야 한다

이게르트 랑구트, 『앙겔라 메르켈』중에서

앙겔라 메르켈
베를린의 피토크롬

지지율 80%의 물리학 박사

2021년 겨울, 군악대가 연주하는 「넌 컬러필름을 잊었어」라는 동독 가수의 노래를 끝으로 송별행사의 여운을 남기며 밝은 얼굴로 퇴장하는 여걸이 있다. 수많은 이야기를 만들어 낸 세계적 지도자 앙겔라 메르켈(Angela Dorothea Merkel, 1954~)이다. 큼직한 재킷에 활동적인 바지, 편한 단화와 화장기 없는 얼굴에 퍼지는 소녀의 미소로 통일독일을 이끌어 온 최초의 여성 총리다. 그는 4년 연속(2006~2009) 포보스가 선정한 '세계에서 가장 영향력 있는 여성' 1위에 올랐고, 2015년 타임즈가 뽑은 '올해의 인물'이 되었다. 통일 독일이 힘들 때 총리가 되어 16년(2005~2021)간 강하고 아름다운 나라로 가꾼 그는, 지지율 80%라는 국민의 압도적 사랑과 신뢰를 뒤로 하고 홀가분하게 자리를 떠났다.

그의 아버지 호르스트 카스너는 서독 함부르크 출신이다. 많은 사람들이 노동자와 농민의 국가인 동독을 탈출해 서독으로 한창 빠져나오던 시절, 카스너 목사는 동독의 복음화를 위해 부인과 함께 동독행을 택했다. 그곳에서 그들은 2녀 1남을

2010년 메르켈 총리가 자신의 상징적인 손짓인
메르켈 라우트(Merkel-Raute)를 선보이고 있다.[23]

두었는데 장녀가 앙겔라다.

  1949년 독일은 분단되고 앙겔라가 7세가 되던 1961년에는 베를린 장벽이 설치됐다. 이전에는 앙겔라가 서독의 사촌들을 만날 수 있었으나 장벽 설치 후에는 소포만이 허용됐다. 앙겔라는 서독으로부터 책과 청바지와 파카 등 자유시장경제의 라이프스타일을 소포로 받았다. 공산주의 동독 정권은 교회를 박해했고 아버지 카스너 목사는 '사회주의 안의 교회'를 결의하며 체제에 순응했다.

  아버지는 동독 내에서 종교계 유력인사였다. 탬플린에서 신학교 설립 임무를 맡았으며 고아원을 겸한 장애우 학교를 운영했다. 덕분에 자녀들은 원하는 교육을 받을 수 있었다. 어머니 헤를린트 카스너는 서독에서 영어와 라틴어 교사였으나 동독 이주 후에는 목사의 아내여서 일할 수 없게 됐다. 그녀는 삼남매를 유치원에 보내지 않고 직접 돌보고 가르쳤다. 아이들의 모든 일상을 소통하며 감정적 의지처가 되어 주었고 긍정적인 가치관을 심어 주었다.

  학창 시절 앙겔라는 근면하고 신중한 우등생이었다. 앙겔라는 고등학생 시절 자유독일청년단 단원이 되어 활동했다. 앙겔라는 이성과 자제심이 돋보이는 학생이었다. 체육시간에 다이빙을 해야 했는데, 그는 다이빙대 위에 45분 동안이나 서 있었다. 수업시간이 끝나가는 마지막 순간에 그는 결심을 했고 다이빙에 성공했다. 1973년에는 라이프치히대학교에 진학했다. 평소 제일 낮은 점수를 받은 물리학을 선택해 도전했는데 졸업시험에서는 1등을 했다. 석사학위 취득 후 연구소에서 일하면서 32세에 물리학 박사학위를 받았다. 그가 정치활동에 나선 것은 35세(1989)에 민주약진(Demokratischer Aufbruch, DA)에 가입하고 대변인이 되면서부터다.

100만 명의 난민, 8번의 사죄

동독에서 개신교 목사의 딸로 태어나 물리학 박사학위를 취득하고 베를린 연구소에서 실험과 연구에 몰두하던 조용하고 침착한 여성학자가 어떻게 연방독일의 총리가 되어 격동의 21세기를 헤쳐 나가는 리더십을 발휘할 수 있었을까? 그 답은 독일 통일 31주년 기념식 연설 속에 있다.

"우리 앞에 놓여있는 도전에 대한 해답을 찾고 우리의 미래를 구체화하는 것은 이제 다음 정부의 몫이다." 메르켈 총리가 어떤 자세로 살아왔고 총리가 됐으며, 총리직을 수행했는지 알 수 있는 간명한 발언이다.

그는 도전을 정확히 인지했고 과학자의 시각으로 그것을 분석했다. 분석결과는 해답으로 도출된다. 그렇게 그는 한걸음씩 앞으로 나아갔다. 결과는 그의 재임 기간 중 나타난 수치가 입증한다. 경제성장률의 가파른 상승과 실업률의 급격한 감소다.

도전은 환경으로부터 온다. 생명체가 살아간다는 것은 외부의 도전에 대응하는 시시각각의 결단이다. 조용하고 강인한 식물에는 피토크롬 단백질이 내장되어 있는데 식물의 생존에 필수 장치이고 요소다. 앙겔라 메르켈은 이 피토크롬 단백질을 가졌다. 피토크롬은 식물에게 가장 중요하고 절실한 햇빛에 민감하게 반응해 식물의 생존을 도모한다. 피토크롬은 빛

1990년 동독 최초로 민주적으로 선출된 정부의
수장을 역임했던 로타르 드 메이지르와 함께[24]

을 흡수할 때 일어나는 분자 내 변화를 세포에 전달하는 역할을 한다. 효소의 활성화와 효소 생합성 유도, 색소 합성, 포자와 종자의 발아 촉진, 꽃눈 분화의 촉진과 억제 등을 관장한다.

앙겔라도 그랬다. 그는 국제환경에 민감하게 대처했다. 재임 중인 2013년, 다하우 강제수용소를 방문해 희생자에게 사죄했다. 여기에서 그치지 않고 이스라엘을 여덟 차례나 방문해 나치 독일의 범죄에 대한 용서를 빌었다. 식물적 본능으로 포용과 상생을 실현한 일도 많다. 2015년 시리아 내전으로 난민이 발생했을 때, 그는 주고 또 주는 식물적 본능으로 100만 명의 난민을 무조건 수용한다는 통 큰 결단을 내렸다. "전쟁으로 어쩔 수 없이 고향을 떠나야 했던 사람들을 우리가 국경에서 거부한다면 독일은 더 이상 나의 조국이 아니다"라는 성명과 함께였다. 그렇게 그는 인도주의 국가 독일의 힘을 보여 주었다.

인권과 인도주의에 대한 그의 순정은 중국과의 관계에서도 드러났다. 메르켈 총리는 홍콩과 소수민족 탄압 문제에 대해 중국 정부에 강력하게 반발해 왔다. 하지만 그의 피토크롬 단백질은 생존과 성장을 추구했다. 따라서 중국과의 경제협력은 강화를 거듭했다. 재임 중 13차례 중국을 방문한 것을 보면

알 수 있다. 중국은 4년 연속 독일의 최대 무역 파트너가 됐다.

그는 퇴임 후 러시아의 우크라이나 침공에 대해 강하게 비난했다. "러시아의 침공은 노골적인 국제법 위반이자 제2차 세계대전 후 유럽 역사의 심각한 단절이다. 야만적인 침략전쟁을 종식하기 위해 유럽연합과 미국, 나토가 수행하는 노력을 지지한다"는 요지였다.

동독 출신인 메르켈 전 총리는 친러파 인사로 불리기도 했다. 학창 시절 러시아어 경시대회에서 1등을 했고 동독 대표로 모스크바에 갔을 정도로 러시아어 구사에 능숙하다. 인도주의 입장에서 러시아를 비난한 앙겔라지만 같은 이유로 그는 러시아에 정중하게 사과했다. 나치의 소련 침공 80주년을 맞아 러시아 푸틴 대통령에게 진심어린 사과의 전화를 했던 것이다.

과학자 무티의 승리

햇빛의 양과 질에 따라 자유자재로 태세를 바꾸는 피토크롬의 위력은 국내 정치에서도 거침없이 발휘됐다. 그는 1989년 결성된 민주약진(DA)에 참여하면서 정치에 입문했고 대변인이 됐다. 1990년 민주 선거로 성립된 동독의 데 메지에르 정권에서도 정부 부대변인을 맡았으며, 모스크바에서의 회담 내내 뛰어난 러시아어 실력으로 능력을 발휘했다. 민주약진은 기민당과 합쳤으며 12월에 앙겔라는 하원의원이 됐다. 1991년 1월 헬무트 콜 내각에서 여성 청소년부 장관으로 임명됐다. 이때 그는 '콜의 양녀'라는 별명을 얻었다.

장관으로서 그는 낙태와 양성평등 문제, 그리고 어린이와 청소년 보호법 개정을 실행했다. 1992년에는 기민당 부당수 직에 재선됐고, 1994년에 환경부 장관이 되어 유엔 기후 정상회의를 성공적으로 이끌어 베를린 협약을 이끌었다. 1998년 11월에는 기민당의 당수가 되어 2000년 4월부터 보수 정

2018년, 백악관에서 도널드 J. 트럼프 대통령과 이야기하는 메르켈[25]

당인 기민당의 대표로 활동했다. 1999년 겨울 기민당의 암거래 헌금이 발각되자 앙겔라는 정치적 아버지인 헬무트 콜 전 총리와 미련 없이 헤어졌고, 2000년 비밀 헌금 문제로 기민당 볼프강 쇼이블레 대표가 물러나자 후임 대표로 취임했다.

메르켈 총리가 오랫동안 총리직을 유지한 것은 정치색이 전혀 다른 당과의 대연정이 가능했기 때문이다. 사회민주당과의 연정은 무늬만 연정이 아니고 내각의 중요한 자리를 사민당 사람들로 채운 실질상 연정이다. 의견이 다른 당과의 연정에는 길고 긴 토론과 협상의 시간이 따른다. 그는 2박 3일의 릴레이회의 동안 침묵하면서 다른 사람들의 생각을 듣는 일에 집중하고 모두의 생각을 모아 그 결과만을 발표한다.

조용하게 보이지만 힘이 넘치는 그의 리더십은 연방독일이 국내외의 시련과 문제를 헤치고 나가는데 동력이 됐다. 그래서 독일인들은 그를 서슴지 않고 '무티(Mutti: 엄마)'라고 부른다. 냉철한 판단력과 간결한 말을 즐겨 쓰지만 어떤 이견도 다 소화해내는 그의 식물적인 피토크롬 근성은 깨끗하고 강한 독일을 키워냈다.

그는 은퇴하면서 이렇게 말했다. "이제는 내가 아닌 다른 누구의 시간이다." 메르켈 총리는 식물의 핵심 단백질인 피토크롬으로 읽어내야 할 인물이다.

투포환 선수였던 엄마는
「미망인」이라는 포환을 던진 후
그걸 주우러 가지 않았다

그게 어디쯤인가에 떨어져 있는지도 몰랐다
좌절과 상처를 안겨준 그 포환을 던진 후
새 포환을 던지지 못하고
엄마는 투포환 장을 영영 떠났다

『박남옥, 한국 첫 여성 영화감독』 중
「에필로그: 나의 어머니 박남옥」에서

박남옥
최초의 영화를 터뜨린 물봉선

강강술래에 미쳐 놀던 아이

박남옥(1923~2017)은 경상북도 하양 땅 인품 좋은 부모님의 10남매 중 셋째딸로 태어났다. 남매들은 한 나무에서 자라나는 가지처럼 서로를 아끼고 돕고 의지했다. 훗날 둘째 언니는 영화를 만들고픈 동생에게 선뜻 자금을 주었다. 박남옥은 30세 때 아이가 넷 딸린 극작가 이보라와 결혼했고, 그가 쓴 각본으로 영화 「미망인」(1955)을 만들었다. 갓 태어난 외동딸을 들쳐업고 그저 영화에만 매진했다. 남편과는 짧은 결혼생활을 접었지만 하나뿐인 딸은 그녀를 아껴주었다. 태어나자마자 영화를 만든다고 실성한 사람이 된 엄마의 등딱지로 갖은 고생을 함께한 외동딸은 엄마의 삶을 끌어내고 정리해서 세상에 알렸다.

유복하고 화목한 가정에서 태어나 자유롭게 자라난 박남옥은 무남독녀 이경주의 증언과는 달리 수없이 많은 투포환을 던졌다. 아니, 그녀 자신이 투포환이었다. 호기심 많은 이 셋째 딸은 해보고 싶은 건 다 해야 직성이 풀렸다. 어린 시절 집

2018년 한국영화박물관에서 열린 전시
「아름다운 생존: 한국여성영화감독」에 '박남옥'이 놓여 있다.[27]

에서 강엿을 훔쳐 먹으려다 들켜서 나무에 묶였다가 도망치고, 밤늦도록 댕기가 빠지는 줄도 모르고 강강술래에 미쳐서 노는 아이였다. 중학생 때는 투포환 선수로 활약하기도 했다. 그녀는 고등학교를 졸업하고 일본에 있는 미술학교에 가려고 했으나 부모님의 뜻에 따라 이화여전에 입학하게 됐는데, 결국에는 기숙사를 빠져나와 천안으로 금강산으로 돌아다니기도 했다.

일본 밀항선에 몸을 싣다

박남옥은 조선영화사 광희동 촬영소에서 영화와 직접 만났고 〈대구일일신문〉 문화부에서 일하기도 했다. 그즈음 그림과 영화에 대한 열정을 누르지 못하고 부산에서 일본으로 가는 밀항선을 탔다가 배에 물이 차올라 난파될 뻔했다. 다행히 구조됐는데, 이 일로 그녀는 전과 1범이 됐다.

자신의 꿈을 향해, 호기심과 관심의 대상을 향해, 박남옥은 멈추지 않았다. 물가에 살면서 씨앗을 폭발시키는 물봉선처럼 그녀는 대책 없는 순수함으로 평생을 살았다. 영화에 관해서는 더 말할 것도 없다. 초등학교 1학년 때 이미 유명배우들의 이름을 꿰고 있었고, 이화여전 시절에도 기숙사에 영화배우

사진을 붙여놓고 살았다.

　박남옥은 특히 김신재가 출연한 모든 작품의 스틸 사진을 모으고 편지를 써 보내는 열성 팬이었다. 김신재는 '코스모스와도 같이 가련청초'한 인상이 시대적 분위기와 잘 맞아떨어져, 문예봉이나 김소영에 버금가는 조선 최고의 여배우로 활동했다. 처음에는 냉랭했던 김신재는 결국에는 평생의 친구가 되어 주었다. 다리가 부러진 줄도 모르고 아이가 등에 업혔다는 것도 잊은 채 밥도 굶고 잠도 못 자면서 치맛단이 닳아 너덜너덜해지면서 그저 영화를 만드는 재미로 살아간 몇 년! 그녀는 참으로 물봉선의 투포환을 쉼 없이 던졌다.

　'날 건드리지 마시오'라는 꽃말을 가진 물봉선은 물가에 살면서 열매를 자동 폭파시킨다. 그렇게 씨앗은 물속으로 떨어지고 물봉선은 계속 물가에서 살아간다. 물봉선 씨앗은 박남옥이 던져 올린 투포환을 닮았다. 그녀는 평생 자신의 열정을 물봉선처럼 폭파시키며 살았다.

　한국전쟁의 틈바구니에서도 마찬가지였다. 영화를 하러 부산으로 갔다가 '문화공작대'라는 미명하에 북으로 끌려간 남동생을 찾으러 육군본부의 9·28수복 때 군복을 입고 서울로 올라왔다. 그녀의 열성 덕인지 동생은 도중에 탈출해 무사히 돌아왔고 박남옥의 집안은 전쟁 중에 부상자나 사망자 없이 무사할 수 있었다.

영화를 만들고 나서는 둘째 형부가 창립한 동아출판사에서 열심히 일했고 하나뿐인 딸을 전심으로 키웠다. 결국엔 한국을 떠나 유학 간 딸과 함께 미국에 정착했고 그곳에서 여생을 보내다가 2017년 미국로스앤젤레스에서 노환으로 세상을 떠났다.

나는 그저 속으로 울고만 있었다

박남옥이 살아간 시대는 일제강점기 후기부터 해방 전후의 어수선한 정국과 한국전쟁, 그리고 좌우 대립으로 불안하고 소란한 시기였다. 그 속에서 그녀는 영화의 열정을 키우고 자신의 꿈을 물봉선 씨앗, 투포환처럼 터뜨리고 던졌다. 그 씨앗은 영화「미망인」이었다. 전쟁을 몸으로 겪으며 가치관이 변하는 시절 동안 그녀는 전쟁 전후 여성의 좌표를 찍었고, 어느 사이 한국 최초의 여성 영화감독이 되어 있었다.

그러나 박남옥의 첫 작품 제작은 순탄하지 않았다. 여성이라는 이유로 많은 차별을 받았다. 녹음실에서 녹음을 거부하기 일쑤였고 완성 후에도 상영관을 잡을 수 없었다. 당시 상업 영화는 35mm 카메라로 제작하는 추세였는데, 16mm 카메라로 촬영한 이유도 있었다. 미려한 몽타쥬 기법을 도입했지만, 3일 만에 「미망인」은 극장가에서 막을 내렸다. 데뷔작이자 마지막 작품이었다. 잊혔던 박남옥의 이 영화가 재평가를 받은 건 1997년 제1회 서울여성영화제에서였다. 한국 최초의 여성감독으로 재조명돼 개막 초청작으로 상영됐던 것이다.

2001년 여성영화인모임에서 다큐멘터리 「아름다운 생존」을 촬영하면서 박남옥 감독의 영화 인생이 조명되기도 했다. 임순례 감독은 그를 가리켜 "한 마디로 시대를 너무 앞서서 태어난 분이다. 가부장적이고 남성중심적인 사회 분위기에서 맘껏 재능을 펼치시지 못한 안타까움이 있다"고 기억했다.[26] 하

딸 이경주를 업은 박남옥은 영화를 만들기 위해 곳곳을 누비기도 했다[28]

고 싶은 것 다 하고, 만나고 싶은 사람 다 만나고 그러고도 따뜻한 가족의 울타리에서 살아간 사람, 마음 맞는 친구들과 도타운 사이를 유지하며 즐겁게 살아간 사람, 상형문자 같은 글씨와 고대 벽화 같은 사진들을 해독하고 정리해 엄마의 기념비를 만들어 준 딸을 둔 사람! 딸의 증언에 따르면, 「미망인」 영화를 만들면서 워낙 몸을 혹사한 박남옥 감독은 말년에 병에 시달렸다.

먼 나라에서 그녀의 노년은 어린 시절과 젊은 시절의 물봉선 씨앗을 회상하는 시간이었다. 그렇게 그녀가 남긴 씨앗들은 한국 여성 영화계를 꽃피웠다. 그녀의 뒤를 이어 젊고 재주 많은 여성감독들이 줄을 이었다. 고국 영화계의 소식을 들으며 그녀의 노년은 행복했으리라. 영화에 대해 그녀가 남긴 글을 보자.

"영화? 예술? 영화제작이란 단결이다. 영화를 사랑하는 사람들이 모여 자기 일같이 힘을 보태 한 편의 영화를 만들어내는 단결이다. 예술이란 개념은 그 시절 나에게는 사치였다. 여름부터 겨울까지 반년 넘도록 아이를 업고 기저귀 가방을 들고 미친 사람처럼 이리 뛰고 저리 뛰며 촬영기계 마련, 돈 마련, 스태프진 식사 마련으로 정신이 빠져있던 나는 영화 동지들의 그동안의 도움과 격려에

그저 고마운 마음뿐이었다. 「미망인」 제작 들어가기 전까지만 해도 나는 예술을 논했었다. 그러나 그날, 완성된 「미망인」을 다 같이 보던 그날, 그런 것들은 더 이상 나에게 의미 없었다. 나는 그저 속으로 울고만 있었다."

그가 마지막으로 남긴 말이 깊은 울림을 남긴다. "나는 하루라도 더 살고 싶다. 우리나라 여성 영화인들이 좋은 작품을 만들고 세계로 진출하는 것도 보고 싶다"

영화 「미망인」의 한 장면과 포스터.[29] 2017년 서울국제여성영화제의 「미망인」 프로그램 노트는 "미망인이라는 여성의 사회적 위치와 주변 관계도를 통해 1950년대 여성이 처해있는 곤궁한 현실을 조망해, 여성 개인의 캐릭터 문제나 심리적 문제로 사회 문제를 치환하지 않은 리얼리스트 멜로 드라마라고 할 수 있다"라고 평했다.

누구 한 사람
이런 나를 인정해 주지도
사랑해 주지도 않았다

나는 버림받을수록 그만큼
나를 더 열심히 사랑하리라 결심했다

나는 마음의 망설임,
마음의 열중,
체념 후에 오는 평온,
저 깊숙한 밑바닥에서 오는
희망의 속삭임을 배웠다

시몬느 드 보부아르, 『자유로운 여자』 중에서

시몬느 드 보부아르
스스로 유전자를 바꾼 옥수수

아버지의 책상 아래에서

 시몬느 드 보부아르(Simone Lucie Ernestine Marie Bertrand de Beauvoir, 1908~1986)는 1908년 1월 9일 새벽에 프랑스 라스파야 가(街)에서 태어났다. 아버지는 법원에서 근무하는 아마추어 연극배우였고 어머니는 수녀원에서 자란 전형적인 보수적 여성이었다. 시몬느는 어릴 적 삼촌과 이모와 조부모의 사랑과 관심 속에서 컸다. 하지만 세 살이 되고부터는 어른들의 금기와 꾸지람과 평판을 견디지 못했다. 살구껍질 까는 것을 금지당했을 때, 공원에서 모래 장난을 하지 못하게 했을 때, 불쌍한 아이 취급을 받을 때, 시몬느는 새파랗게 질리도록 울고 발작에 가까운 저항을 했다. 엄청나게 조숙한 이 아이는 절대 항복하지 않았으며, 여동생이 태어나자 자신의 추종자로 만들어 버렸다.

다섯 살이 됐을 때 아이는 학교에 보내졌다. 아이는 아버지를 자랑스러워하고 흠모했다. 아버지의 책상 아래 공간이 어머니의 감시를 피해 자유로울 수 있는 장소였다. 아버지는 아이에게 자신이 좋아했던 작가들의 책을 보여 주었다. 어느 사

노년의 시몬느 드 보부아르

이 아이는 혼자서 글을 깨우쳤다.

1914년에 전쟁이 터졌다. 아버지는 보병 부대에 배치됐다. 8살의 시몬느는 독일제 셀룰로이드 인형을 밟아 버렸으며 연합군의 깃발을 꽃병마다 꽂았다. 엄마를 도와 외과용 거즈를 만들고 방한용 털모자를 짰다. 급기야는 하늘색 장교복 천으로 군인이 입는 외투를 맞추어 입고는 큰 거리에서 의연금을 모았다. 훗날 그녀는 전쟁이 아이로 하여금 주체성을 포기하고 어른들의 칭찬을 바라는 '원숭이'로 만들어 놓은 것이라고 술회했다. 전쟁이 끝나 아버지는 무사히 돌아왔고 모든 게 정상으로 돌아왔다. 시몬느는 다시금 아버지와 단 둘이 연극을 볼 수 있었고 아버지를 독점한다는 사실에 행복했다.

멀지 않은 날의 숙명

시몬느는 신앙심이 깊은 아이였다. 그 신앙심 안에는 자신에 대한 확신이 있었다. 시몬느는 매일 저녁 히드 숲 사이에 앉아 모네디에르 산맥의 푸른 빛 산을 바라보았다. 늘 변하는 하늘 아래에서는 성실성만이 일상성과 구별된다고 생각했다. 자연 속에서 시몬느는 신의 존재를 느꼈다.

"나무가 색채를 띤다면 어떤 형태로든지 신이 내 눈동자를 필요로 한다는 생각이 들었다. 순수한 정신인 신이 내 육체를 통하지 않고 태양의 뜨거움, 이슬의 신선함을 어찌 경험하겠는가? 신은 인간을 위해 이 대지를 만들었고 그 아름다움을 증명하기 위해 인간을 만들었다. 내가 항상 어렴풋이 느끼던, 내게 지워진 모든 사명은 신이 내게 내린 것이다. 신은 나의 자리를 빼앗기는커녕 그것을 통해 권위를 확보하고 있었다. 내가 없으면 창조물은 어두운 잠 속으로 빠져 들어가 버리는 것이다. 나는 창조물을 깨움으로써 가장 신성한 의무를 행하고 있다. 그에 반하여 어른들은 무관심으로 신의 뜻을 거스르고 있다." - 시몬느 드 보부아르, 『자유로운 여자』 중에서

시몬느는 매년 피정 묵상을 했으며 수녀원에 들어갈 결심도 했다. 그런 결심의 배후에는 결혼과 모성을 좋아하지 않는 이유도 있었다. 전쟁이 끝난 후 아버지의 사업이 실패하고 시몬느의 가족은 가난해졌다, 새로 이사한 초라한 집에서 부모님은 자주 다퉜고 시몬느와 동생도 말다툼이 잦았다. 초경이 시작되면서 시몬느는 다시금 신경증에 시달렸다. 밤마다 남성의 환영과 육체적 욕망이 회오리쳐서 괴로워했다. 가슴이 커지자 어머니는 그것을 붕대로 조였다.

어른들의 단조로운 삶, 특히 결혼한 여성들의 인생은 사춘

기 소녀를 슬프게 했다. 시몬느는 멀지 않은 날의 숙명을 생각하면서 불안에 떠는 날을 지냈다. 그 속에서 미국의 소설가 루이자 메이 올컷의 자전적 소설 『작은 아씨들』(1868~1869)의 둘째 딸인 조 마치는 시몬느의 롤 모델이 됐다. 아버지와의 관계도 변화가 왔다. 시몬느는 여전히 아버지를 사랑했지만, 아버지는 여성의 우아함과 아름다움을 높이 평가하는 남성이었다. 여드름투성이 소녀 시몬느보다는 예쁜 여자아이인 동생이 아버지의 관심을 끌었다.

방문과 편지, 그리고 일기까지

가족과 사이가 틀어지던 외로운 때에 친해진 친구가 자자(Zaza)라는 애칭으로 불리던 엘리바제스 라쿠앵(Elisabeth Lacion)이다. 자자는 아름답고 여성스러웠으며 피아노와 바이올린도 잘 연주했다. 자자의 어머니는 관대했지만, 그것은 전통적 부르주아 예절과 관습 속에서만 가능했다. 시몬느는 자자와 오랫동안 우정을 맺으며 자유와 해방을 말했다. 하지만 자자는 끝까지 어머니의 구속에서 벗어나지 못했다.

당시 관습대로 딸은 부모가 정해준 남자와 결혼해야 한다고 믿은 자자의 어머니는 자자를 여러 번 연인인 메를로 퐁티

(Maurice Merleau-Ponty, 1908~1961)로부터 떼어놓았다. 몇 달씩 독일로 보내버리는 방식이었다. 결국 이 형벌과 구속을 견디지 못한 자자는 심한 열을 동반한 뇌막염으로 코마 상태에 빠져 숨을 거둔다. 시몬느는 자자가 꿈에 나타나 자신을 원망했다고 회상한다.

> "밤이 되면 그녀는 자주 나타났다. 챙이 넓은 분홍 모자를 쓴 그녀는 나를 비난의 눈빛으로 응시했다. 우리는 함께 진흙탕 같은 운명에 맞서 싸웠다. 나는 오랫동안 그녀의 죽음이 내가 자유를 얻은 대가라고 생각했다."[30]

시몬느 또한 관습에서 완전히 자유로운 것은 아니었다. 하지만 그녀는 자신을 돌연변이로 만드는 법을 알았다. 아니, 어느 순간 돌연변이가 됐다. 옥수수 중에는 알록달록한 알을 가진 것이 있다. 이 알록이 옥수수는 육종학의 산물이 아니다. 옥수수가 극심한 스트레스를 받고는 스스로 자신의 유전자를 변형시킨 결과물이다. 옥수수는 그러한 뛰어난 능력을 가졌다. 옥수수처럼 시몬느도 자신의 필요에 의해서 자유와 방랑을 누렸다.

당시의 어머니들은 딸의 좋은 혼처를 위해 통제를 서슴지 않았다. 시몬느는 아이 때부터 방문을 열고 생활했다. 동생과 무슨 말을 나누는지 어머니가 듣기 원했기 때문이다. 시몬느의 일기와 편지 또한 어머니에게 개방됐다. 어머니가 읽기 힘들도록 시몬느는 글씨를 아주 작게 썼다. 자자와의 우정 또한 그랬다. 두 소녀가 주고받는 편지는 당연히 양가의 어머니가 검열했다. 옥수수의 알은 모두 노란색이어야 했고 간격은 일정해야 했다. 시몬느는 아기 때부터 이 사실을 알았다. 그래서 매사에 반항하며 컸다. 프랑스 여성의 삶, 아니 모든 여성의 길은 시몬느를 숨 막히게 했다.

사르트르와의 계약결혼

어린아이 때부터 시몬느는 울음과 반항으로, 아버지의 책상 밑으로 숨어들어 갔다. 좀 커서는 자연 속으로, 문학 속으로 도피했다. 우수한 성적으로 소르본느에 입학하고서는 철학으로 걸어들어갔다. 사춘기 소녀 시절 마르탱 신부에게 실망하면서 성직자를 더 이상 존경하지 않았고, 많은 의문을 거듭하며 신에게서도 멀어졌다.

신의 존재를 포기한 시몬느는 지상에서 자신의 야심에 눈을 떴다. 그것은 아이를 낳고 또 낳는 것이 아닌, 학자·예술가·

작가·사상가들이 창조하는 다른 세계에서 일생을 보내는 것이다. 그 세계는 빛나는 즐거움이 넘치고, 모든 것이 존재의 이유를 갖고 있었다.

자신보다 뛰어난 남성을 만나 평생의 반려자로 삼기를 원했던 시몬느에게 장 폴 사르트르(Jean-Paul Sartre, 1905~1980)는 좋은 짝이 되어 주었다. 1929년 철학 교수 자격시험에서 사르트르가 1등, 시몬느가 2등이었다. 사르트르는 그녀에게 결혼과 자녀를 제안했지만, 시몬느는 완강하게 거부했다. 대신

1955년 베이징을 찾은 시몬느와 사르트르

그들은 2년 기한의 계약 동거에 들어갔다. 두 사람의 계약결혼은 또 하나의 유전자 변형 옥수수다.

시몬느 드 보부아르를 말할 때 반드시 인용되는 구절이 있다. 1949년에 출간한 『제2의 성』의 한 대목이다.

"내가 주장한 것은 양자의 차이(제1의 성과의)는 자연적인 것이 아니라 문화적 차원의 것이라는 점이다. 나는 이러한 차이가 어떻게 만들어지는가를 유년기부터 노년기에 걸쳐서 체계적으로 말할 생각이었다."

시몬느는 여성은 '태어나는 것'이 아니라 그렇게 '만들어진다'고 주장했다. '인간으로서의 자유'를 추구했던 그녀는 굴종과 종속이라는 여성의 스트레스에 맞서 스스로 유전자를 변화시킨 존재다.

용의 아내가 된 처녀가 있었다
이 처녀는 아들을 낳았는데
아들도 용이었다
처녀는 매일 용 부자에게
사람요리를 해 주어야 했다

처녀에게는 언니가 있었다
그는 어느 날 용 부자에게 잡아먹히고 만다
하지만 동생은 뱃속에 있던
언니의 쌍둥이 아들들을 숨겨 키운다

조카들이 어른이 됐을 때
처녀는 꾀를 내어 쌍둥이 청년들과 함께
용 부자를 해치우고 탈출한다

어린 시절 마타이가 어머니에게 들었던
키쿠유부족의 구전설화다
소녀는 결국 부패와 독재의 용을 해치웠다

왕가리 마타이, 『위대한 희망』 중에서

왕가리 마타이
콘크리트에 떨어진 민들레 씨앗

이혼 사유: 너무 성공해서

왕가리 마타이(Wangari Muta Maathai, 1940~2011)는 2004년 노벨평화상 수상자다. 그녀는 노벨상을 받은 최초의 아프리카 여성이며, 케냐 최초의 여성 교수, 동아프리카 최초의 여성 박사, 마마 미티(나무들의 어머니) 등으로 불린다. 왕가리 마타이는 30년 동안 아프리카에 3000만 그루 이상의 나무를 심은 '그린벨트 사업'을 펼쳤다. 하지만 나무와 숲을 지키다가 독재정권의 미움을 받아 여러 번 투옥됐고, 인권운동의 대가로 폭행과 살해의 위협을 받았다.

 평생 열심히 나무를 심은 그녀가 어째서 노벨 '평화'상 수상자가 됐을까? 미국 유학을 마치고 돌아 온 그녀는 성별의 벽, 관습의 벽, 독재의 벽, 부패의 벽에 부딪혔다. 하지만 그녀는 식물적 삶을 살았다. 왕가리 마타이는 민들레 씨앗이었다. 가볍게 벽을 넘어 자유롭게 날아올라 어디에든 정착하여 자신의 영토로 만들었다. 그녀는 식물의 병법을 몸에 익혔다. 항상 법의 테두리 안에서 행동했고 부당한 위협과 폭력을 당할 때마다 자신의 현실을 국내외 언론에 알렸다.

마마 미티, 나무들의 어머니 왕가이 마타이[33]

마타이의 부모는 케냐산 자락 키쿠유 부족 출신이었다. 키쿠유 부족은 대대로 산과 나무를 신으로 여겨 숭배하고 경외했다. 케냐산은 풍부한 물의 저장고이며 나무와 각종 동식물을 품고 있었다. 백인 농장의 운전사로 일하는 그녀의 아버지는 아내와 아이들을 학교가 있는 지역으로 보냈다. 마타이의 어머니는 어려운 형편에도 마타이를 주저 없이 상급학교에 보내주었다.

마타이는 시대적 행운아였다. 케냐의 독립이 카운트다운에 들어갈 무렵 미국의 케네디 대통령은 케냐 청년들을 위해 대학의 문을 열어 주었다. 마타이는 미국 유학길에 올라 펜실베니아 피츠버그대에서 생물학으로 석사학위를 받고 1966년에 귀국했다.

그녀는 나이로비대에서 여성차별의 유리벽을 뛰어넘는다. 조교로 시작해 시간강사로, 다시 생물학과의 학과장이 된다. 나이로비대 제1호 여성박사로서, 국회의원 남편을 내조하며 아이를 키우며 살던 그녀에게 거센 바람이 몰아닥쳤다. 어느 날 퇴근하고 보니 그녀의 남편 므왕기 마타이가 짐을 챙겨 집을 나가버렸다.

왕가리 마타이라는 민들레 씨앗이 평온한 가정 울타리 밖으로 날아오르는 계기였다. 국회의원과 대학 교수의 이혼소송은 전 국민의 관심거리가 됐다. 남편 므왕기 마타이는 자신의 부인이 '너무 배웠고 너무 성공했고 너무 고집세고 너무 말을 안 들어서'라는 이유로 이혼을 원했다. 가정을 지키려는 마타이의 모든 노력에도 불구하고, 그녀는 아프리카 사회에서 남편에게 '순종'하지 않은 불명예스러운 '이혼녀'로 전락했다.

도청과 연행

이혼 후 세 아이들을 키우며 사회활동을 하던 마타이는 국회의원에 출마하려고 대학 교수직을 내놓았지만 공천을 거부당하고 실업자 신세가 된다. 날아다니던 민들레 씨앗이 콘크리트에 떨어진 셈이다. 하지만 이때부터 그녀는 본격적으로 나무심기 운동에 전념한다. 부패한 독재정권은 공공의 숲을 마음대로 나누어 가지며 사유화해갔다. 숲이 사라지면 물이 오염되고 먹을 것이 없어지고 공기가 나빠진다. 그래서 한 그루의 나무, 한 포기의 풀은 생명이고 생존권이고 인권이다.

정부가 나이로비 시내 우후루 공원에 거대한 케냐 타임스 타워를 지으려고 했을 때 그녀는 저항했다. 이어서 청년정치범의 어머니들과 함께 아들들을 돌려달라는 집회를 연다. 59세의 마타이는 카루라 숲을 지키려고 노력하다가 칼과 화살과

단도로 무장한 수비대의 폭력으로 머리에 심한 상처를 받아 생명의 위기에 처하기도 했다.

하지만 승리는 항상 마타이와 그녀의 친구들에게 돌아갔다. 아니, 나무와 숲에 돌아갔다고 하는 게 맞다. 나이로비의 우후루공원은 훼손되지 않았고 정치범으로 몰린 젊은 아들들은 모두 어머니의 품으로 돌아갔으며 카루라 숲 또한 본래의 모습을 보존했다. 39년 동안 비판자들을 소리 소문 없이 암살하고 탄압했던 부패독재 정권의 패망 또한 왕가리 마타이의 공이 컸다. 중도연합 결성에 앞장서서 케냐환경녹색당을 창설한 그녀는 2002년 민주정권 수립에 큰 공을 세웠고 환경부 차관에 임명됐다.

마타이는 민주주의를 풀뿌리처럼 케냐에 심었다. 왕가리 마타이는 겁과 두려움이 없는 인물이었다. 멀리 바다를 건너간 민들레 씨앗은 미국 땅에서 햇빛과 양분을 섭취했으며 잠시 독일에 머물기도 했다. 그러고는 만들어낸 씨앗을 고향땅에 하나씩 뿌렸다. 그녀는 자신의 기회와 행운을 많은 이들과 나눴다. 여성연합과 그린벨트운동을 통해 모국의 여성들에게 자립과 희망의 씨앗이 되어 주었다. 그린벨트운동은 '시민과 환경교육' 세미나로 발전해 갔고 민주주의와 인권과 성차별을 이야기하는 장으로 자리잡았다.

그녀의 열정과 자유로움은 집 안에만 갇혀 있을 수 없었다. 의욕적이고 세상친화적인 민들레 홀씨는 차별과 억압에 아랑곳 않고, 높이 그리고 아주 멀리 날았다. 1975년 멕시코에서 열린 제1회 세계여성대회에 참석한 것을 계기로 그녀는 꾸준히 수많은 국제회의에 참석했다. 1976년에는 환경보호위원회의 의장이 됐고, 1979년에는 만장일치로 케냐여성위원회 의장에 선출됐다. 노르웨이와 독일, 영국과 오스트리아에서 그린벨트 운동을 위한 기금을 이끌어냈다. 1986년에 그린벨트운동은 범아프리카 그린벨트 네트워크로 확대됐다. 그녀는 노벨평화상 말고도 여성·인권·환경과 관련된 30여 개에 달하는 국제적인 상을 수상했다.

그러나 마타이의 활동이 넓고 깊어질수록 여성을 하대하는 전통 케냐의 저항과 질시도 커졌다. 그녀가 묘목 한 그루를 심을 때마다 독재 정권은 그녀를 해칠 계책을 하나씩 늘려갔다. 그들은 공공연히 그녀를 탄압했으며, 그녀의 집을 도청했다. 집을 부수고 들어가 그녀를 연행하기도 했다. 정권에 대항하거나 비판하는 엘리트들이 잡혀가고 죽는 일이 흔하던 시절이었다. 그런 상황에서 그녀는 어떻게 자신의 목숨을 지켜냈을까? 마타이는 '나무'라는 희망에 자신의 생명을 온전히 걸었다. 동시에 그 희망을 지키기 위해 자신을 지켜냈다. 그녀는 이렇게 말했다. "저는 제 일을 마치기 전까지는 죽고 싶지 않습니다!"[31] 그녀의 저항과 인내의 비결은 식물적 삶에 있었다.

식물들은 적이 쳐들어와 잎을 갉아 먹거나 뿌리를 훼손해도 다른 곳으로 도망할 수가 없다. 하지만 생존의 위협이 커지면 자신을 지키기 위해 '적의 적'을 부른다. 잎과 뿌리에서 특별한 화합물을 만들어 지상과 지하에서 지원군을 소환한다. 마타이는 이러한 식물의 지혜를 본능적으로 사용할 줄 알았다. 생명의 위기가 닥칠 때마다 큰 힘이 되어준 지원군은 국제사회 친구들과 여론이었다.

2004년 노벨평화상을 수상한 마타이[34]

짓밟혀도 싹 트는 것

 길을 가다보면 보도블록 틈에 핀 작은 꽃과 풀들을 볼 수 있다. 가끔 이 풀들이 두텁고 강한 보도블록을 들어올리기도 한다. 이것이 풀뿌리의 힘이다. 그녀는 풀처럼 무수히 짓밟혔지만 자신의 임무를 완수했다. 마타이는 자서전에서 이렇게 말했다.

 "비가 내리고 태양이 비치면 우리가 모르는 새 나무들은 새로운 싹을 틔워내고 대기 속으로 가지를 뻗는다. 나무들은 나에게 영감을 주었다. 누군가 아무리 진실과 정의를 파괴하려고 애써도 나무가 싹트는 것을 결코 막을 수 없다는 것을 나무들은 나에게 보여주었다."[32]

 그녀가 심은 것은 300만 그루의 나무가 아니다. 그녀가 심은 것은 용기와 희망과 불굴의 의지, 함께 사는 세상이고 사랑이고 정의이다.

나무가 생각한다면
뇌가 아니라
각각의 기관으로 할 것이다
오키프도 그랬다

나무가 말하거나 미소 짓는다면
온 몸으로 할 것이다
오키프도 그랬다

그녀의 작품들은
바로 그녀 자신의 잎이고 꽃이다

『*Modern Nature: Georgia O´Keeffe and Lake George*』 중
미국 소설가 왈도 프랭크의 오키프 평가

조지아 오키프
겨울나무에 핀 꽃

스티글리츠와의 만남

20세기 초반 회화의 세계는 여성에게는 닫힌 문이었다. 그런데 이곳에 거침없이 뛰어든 여성이 있다. 평론가들에 의해 모던여성으로 일컬어지는 조지아 오키프(Georgia O'Keeffe)는 미국에서 여성 인권이 자라날 무렵인 1887년에 태어났다. 이후 1986년에 99세로 죽을 때까지 독립적이고 주관적인 인생을 살았다. 자신의 예술세계를 위해 미국 근대 사진의 개척자인 알프레드 스티글리츠(Alfred Stieglitz, 1864~1946)와의 동반을 사양하지 않았다. 이후 스티글리츠와의 불화를 딛고 자연과 야생에서 다시금 일어선다. 그녀의 독립성과 자주성은 미국과 근대의 정신을 표상한다.

조지아 오키프의 부모는 재력가로 결혼생활을 시작했으나 아버지의 무능과 불운으로 가족은 점차 몰락의 길을 걷는다. 위스콘신 주 선프레리 농장의 자연 속에서 자라난 오키프는 가족들이 떠도는 바람에 고등학교를 세 번이나 전학했고 대학도 두 군데를 다녔다. 오키프는 학교 선생님들로부터 그림의 재능을 인정받고 미술대학에 진학한다.

예술가가 되고 싶었던 그녀였지만 생계를 위해 삽화가로 일하기도 하고 교사생활을 하기도 했다. 하지만 예술의 열망을 지녔던 가난하고 병약한 소녀는 후일 가장 미국적인 화가로 평가된다. 1997년에 자신의 미술관을 산타페에 개관하자 수많은 관람객의 방문을 받았고 2001년에는 경매사상 최고의 가격을 받은 여성화가가 된다.

오키프는 젊은 날 스티글리츠의 제자였던 폴 스트랜드(Paul Strand, 1980~1976)를 사랑했다. 스트랜드는 사물의 정수를 끌어내어 정밀하게 묘사하는 사진기법을 썼는데 이것은 오키프의 작품에 결정적인 영향을 주었다. 오키프의 작품들은 꽃을 확대해서 표현했는데 한 송이 전체 모습이 다 담기지 않을 정도로 세밀했다. 스트랜드는 오키프를 사랑했으나 가난하고 병약한 오키프의 발전을 위해서는 든든한 후원자가 필요하다는 사실에 직면하고 자신의 연인을 스티글리츠에게 양보한다. 당시 스티글리츠는 천재적 재능을 지닌 오키프에게 한눈에 반한 상태였다.

어머니의 죽음과 쇠약해진 건강으로 지칠 대로 지친 30대의 오키프가 24세 연상의 저명한 예술인이자 유부남인 스티글리츠의 '연인'이 된 것은 병약하고 가난한 그녀의 처절한 현실적 귀결이었다. 그녀는 자신을 발굴해 예술혼을 펼칠 여건과 무대를 열어준 스티글리츠를 큰 바위로 여기고 의지하게 된다. 세상의 비난에도 아랑곳 않고 6년간의 내연관계를 거

뉴멕시코에서 돌아왔을 때의 오키프. 스티글리츠가 1929년 촬영했다.[36]

쳐 조촐한 결혼식을 올리지만, 열정적 사랑과 동반자적 활동을 나누던 그들의 행복은 길지 못했다. 스티글리츠가 화랑의 후원자로 나선 부유하고 젊은 21세의 유부녀 노먼과 새로운 연애를 시작했기 때문이다. 남편의 배신은 오키프에게 치유가 힘든 상처를 남겼고 그녀는 10여 년 간 심신의 질병에 시달려야 했다.

뉴멕시코 사막에서

상처투성이가 된 오키프는 한동안 아무것도 할 수 없었지만 이내 마음을 다잡고 출구를 찾는다. 그곳은 바로 뉴멕시코였다. 드넓고 꾸밈없는 그곳에서 40대 중반의 오키프는 왕성하게 작품활동에 전념한다. 사랑과 열정이 배신과 상처로 바뀐 이후에도 오키프는 자신의 방식으로 남편과 원만하게 지냈고 그의 임종을 지켰다. 1949년 스티글리츠가 죽은 뒤 뉴멕시코 애비큐에 정착한 그녀의 삶은 세간의 열렬한 관심사였다.

스티글리츠가 운영하는 뉴욕의 291화랑에 그녀의 그림이 처음 걸렸을 때, 그리고 수많은 그녀의 누드가 전시됐을 때, 뉴요커들은 50년 후 그녀의 이런 모습을 상상할 수 있었을까? 1916년 5월의 첫 전시를 시작으로 스티글리츠는 30년 이상 오키프를 위한 개인전과 단체전을 기획해 오키프를 열렬하게 알렸다. 화랑의 주인이자 예술계의 거장인 사진작가 스티글리츠의 젊은 내연녀로 세상에 발을 들였던 오키프는 편견과 질시를 딛고 뉴멕시코 사막에 자신을 우뚝 세웠다.

그녀의 대표적인 꽃 그림들은 보는 이의 시선을 충족하는 꽃이 아닌, 자신의 존재감을 꽉 채운 꽃이다. 애정과 관심으로 가득 찬 화가의 붓질은 꽃의 결, 암술과 수술, 가까이서만 볼 수 있는 작은 떨림과 색조의 그라데이션으로 보는 이의 가슴을 뛰게 한다.

사우스 캐롤라이나 주 컬럼비아 칼리지에서 약 1년간 교사 생활을 하던 27세의 오키프는 인생에 대해 진지하게 고민했고 몇 년 후에 이런 기록을 남겼다.

"내가 어른이 된 어느 날 스스로에게 이런 말을 하는 나를 발견했다. 원하는 곳에 살 수 없다. 원하는 곳에 갈 수 없다. 원하는 것을 할 수 없다. (…) 학교 그리고 화가들의 가르침이 내가 원하는 것을 그릴 수 없게 방해한다. 나는 내가 원하는 것을 나의 방식대로 그리지도 못하는 바보였구나."[35]

이러한 성찰을 거친 그녀는 원하는 곳에서 하고 싶은 일을 자신만의 방식대로 실행했다. 그것이 그녀의 인생이었다. 오키프는 한 가지 주제에 집중했고 그것을 여러 번 반복해 그림으로써 주제의 본질에 다가갔다.

숫양의 해골과 골반 뼈

조지아 오키프는 뉴멕시코의 자연 속에서 마지막 남은 가을 잎을 다 떨구었다. 연인이자 남편이자 후원자였던 스티글리츠

사막과 여성을 소재로 한 오키프의 미술적
정체성이 투영된 「Summer days」 (1936)[37]

와 함께였던 녹색의 잎들은 이제는 없다. 그의 누드모델이며 동반자로 지냈던 세월들, 프로이트 정신분석의 잣대로 평가받던 여성 생식기를 연상하게 하는 꽃을 그린 화가는 이제 없다. 그녀 자신의 의도와 무관하게 섹슈얼리티로 포장해 인기를 불렀던 사업가 스티글리츠의 전략도 더 이상 없다. 뉴욕에서 황화돼 하나 둘 떨어졌던 그녀의 1세대 잎들은 이제 다 사라졌다. 자신의 삶과 예술에서 대지이며 엄마나무의 역할을 해 주었던 남편과의 추억과 열정은 이제 낙엽이 되어 다 흩어졌다.

오키프에게 왜 이런 과정이 있었을까? 그녀의 다음 생, 진짜 생이 시작돼야 했기 때문이리라. 뉴멕시코로 터전을 옮겨 겨울나무가 된 그녀는 가족도 친구도 없이 고독 속에서 작품에 몰두한다. 너른 땅, 우뚝한 산과 굽이치는 강, 많은 사연을 품은 나무들, 별들…. 겨울나무는 자연과 만나 벗하고 생의 끝을 음미한다. 황야에서 죽은 동물들의 뼈는 그녀에게 새롭고 가슴 뛰는 주제가 된다.

숫양과 소의 해골과 골반 뼈는 오키프에게 새로운 시작이 됐다. 그녀는 해골을 통해 부활을 보고 골반 뼈의 뚫린 부분으로 파란 하늘을 본다. 바로 겨울나무의 철학이고 삶의 방식이다. 겨울이 돼야 세상의 모든 것이 본래 모습을 보여준다. 잎을 모두 떨군 나무가 나무의 본 모습이고 가죽과 털이 없는 뼈가 영양과 소의 본래 모습이다. 해골과 겨울처럼 우뚝 설 수 있어야 진정한 생명이다. 겨울나무는 한 살을 더 먹으면서 안으로 삭여 들어간다. 오키프는 그곳에서 해골과 꽃과 산과 강을 재구성했다.

이 시기 작품에는 그녀의 집 문, 헛간, 사다리도 많이 등장한다. 자연 속에서 다시 태어난 그녀가 이제 문을 열고 새로운 세상에 발을 들여놓으려 한 것일까? 생의 굽이에서 나무처럼 꺾이고 이식되고 잘리는 아픔을 수없이 겪었던 겨울나무 오키프는 뉴멕시코 자연에서 다음 번 생을 기획하면서 다시 꽃을

사막에 핀 꽃의 의미는 무엇일까
「Red hills with flowers」 (1937)[38]

피우고 별들과 숨바꼭질하고 새들과 노닐었다. 평생 그림밖에 몰랐고 그 그림을 자신만의 관점으로 그려내었던 조지아 오키프는 미국을 상징하는 거대한 나무였다. 여러 번의 생을 무한히 반복하는 겨울나무였다.

진정한 자주성은 무엇인가? 자신의 주제에 대한 식지 않는 열정, 어떤 어려움이 닥쳐도 끄떡없는 신념, 은인에 대한 꿋꿋한 의리, 삶을 관통하는 스스로의 방식이 아닐까! 조지아 오키프도 그랬다. 그 이는 누구도 넘볼 수 없는 아름드리 겨울나무였다.

거룩하신 주여
이 몸은 주님을 위하여 바치나이다

여호와여
이 몸은 남을 위하여
형제를 위하여 일하겠나이다

여호와여
살아도 주를 위하여 살고
일하여도 의를 위하여 일하옵고
죽어도 다른 사람을 위하여
죽게 하소서

최용신, 「새벽종 소리에 따라 올리는 기도」
『샘골 사람들, 최용신을 말하다』 중에서

최용신
샘골을 피운 한 알의 밀알

생전에 신던 신발마저

 일제강점기였던 1935년 1월 25일 경기도 수원 샘골 마을에서는 26세로 생을 마친 가녀린 여성의 장례가 치러졌다. 이 장례는 사회장으로 진행됐다. 목사와 전도사, YWCA 관계자, 동네 유지, 그리고 아이들을 포함한 온 마을 사람들이 모였다. 동네 꼬마였던 제자는 당시 상황을 이렇게 전했다. "그 때 장례 모습은, 이거는 확실한 내 기억이에요. 젊은이들이 상여 메고, 어린이들은 멜 수가 없잖우. 그래서 양쪽에다가 광목을 길게 메가지구 뒤에서 그 광목을 모두 붙들고, 저기 묘소 쓴 공동묘지까지 따라간 기억이 나요. 나도 잡고 따라갔어요."

이 여성의 장례가 사회장으로 치러진 것도 특이하지만 그게 다가 아니었다. 눈물의 장례식이 끝난 뒤에 마을 사람들은 그녀의 처소로 달려가 유품을 챙기기 시작했다. 그녀가 보고 싶을 때 이거라도 보겠다며. 심지어 그녀가 생전에 신던 신발마저도 눈물 젖은 치마폭에 싸가지고 갔다. 26세에 요절한 이 여성은 심훈의 소설 『상록수』의 여주인공 채영신의 실제 모델인 최용신(1909~1935)이다.

젊은 최용신의 부조상 (왼쪽)[39]
협성여자신학교 시절의 최용신 (오른쪽)[40]

최용신은 1909년 8월에 함경남도 덕원군에서 태어났다. 그의 집안은 대대로 교육자이자 계몽운동가였다. 할아버지 최효준은 1890년대 후반에 사립학교를 세웠고, 아버지 최창희와 큰아버지 최중희도 지역의 큰 교육자였다. 그런 가풍 덕분에 그녀 또한 신교육의 수혜를 받았다. 1920년에 원산의 루씨여자보통학교에 진학했고 덕원지역 계몽운동을 선도하는 두호구락부 회원으로 활동했다. 여기에서 훗날 약혼자가 되는 김학준을 만난다. 최용신이 원산루씨고등여학교(이 학교는 이화학당, 배화학당, 숭의여고, 호수돈여고와 더불어 당대 5대 개신교 학교로 손꼽혔다)를 우등으로 졸업한 기사는 〈조선일보〉에 실려 있다. 졸업할 즈음 그녀는 농촌계몽운동에 헌신할 각오를 다진다.

부부싸움이 나든, 자녀교육 문제든

졸업 후 서울에 있는 협성여자신학교(지금의 감리교신학대학교)에 진학했던 1929년, 그녀는 여름방학을 이용해 황해도 수안군 천곡면으로 첫 농촌 실습을 나갔다. 그렇지만 주민들로부터 호응을 얻지 못했다. 이 경험에 비추어 그녀는 중장기적인 농촌계몽사업의 필요성을 절감한다. 당시 대한제국을 강점한 일제는 토지조사사업을 통해 소작농들을 토지소유권과 경작

권으로부터 완전히 배제시키고 농촌을 빈민촌으로 만들어갔다.

최용신이 삶을 바친 샘골은 수원과 가까웠는데 수원지역의 자작농은 농민의 6%에 불과했다. 또한 산미증식계획에 따른 수탈의 극대화로 농촌경제는 붕괴 직전이었다. 최용신이 헌신하기로 다짐한 농촌계몽운동은 한국인을 위한 한국인에 의한 자발적인 운동이었다는 점에서 주목받는다.

1920년대 후반부터 시작된 농촌계몽운동은 언론기관, 종교단체, 중등교육기관이 주체가 됐다. 최용신은 농촌계몽운동이야말로 식민지배에서 벗어나는 민족운동이라고 생각했다. 최용신은 1931년에 경기도 수원군 반월면 천곡, 샘골이라 불리는 곳에 한국 YWCA의 농촌지도원으로 파견됐다.

최용신 이전에 수원 지역을 담당한 선교사 밀러는 샘골 예배당에 강습소를 만들었다. 최용신의 부임 이후 이 예배당 강습소에 모여드는 아이들이 100여명에 달했다. 여기서 한 가지 문제가 발생했다. 경찰이 강습소에 80명 이상은 받을 수 없다고 제재하여 나머지 아이들은 밖으로 내보낼 수밖에 없었던 것이다.

내쫓긴 아이들이 돌아가지 않고 울며불며 예배당 담장에 매달려 넘겨다보는 모습을 본 최용신의 가슴은 쓰려 왔다. 최용신은 본격적인 교육을 위해서는 강습소 건축이 필요함을 체감하고 지역유지들을 설득해 설립인가원을 제출하며 적극적으로 나섰다. 지원을 받아 강습소 건축이 시작됐을 때도 직접 지게를 지고 돌과 흙을 날라 반죽을 했다. 이 모습을 본 주민들의 적극적인 참여로 모든 건축기금이 충당됐다.

다 지어진 강습소에도 학생들이 초만원을 이루어 오전, 오후, 야간반으로 분반해도 다 수용할 수 없을 정도였다. 야간에는 부인들을 대상으로 초보적인 일상지식을 가르쳤고, 농가의 경제생활을 위해 각종 유실수 심기와 누에치기를 권장했다. 뿐만이 아니었다. 새로운 요리법과 가정관리법을 교육했고,

1935년 동아일보에 실린 심훈의 『상록수』 공모 당선 기사[41]

생활개선을 위해 금주금연과 도박 추방, 미신타파 등에도 힘썼다.

그러다보니 마을사람들은 일상사의 모든 것을 최용신에게 의존했다. 처음에는 '신식교육을 받았다고는 하나 저 여린 여성이 무엇을 할 수 있겠나' 하고 의심의 눈초리를 보이던 사람들도 부부싸움이 나든 자녀교육의 문제든 이웃 간 다툼이든 간에 모든 것을 그녀와 의논했다. 그가 옳다고 하면 진리이고 법이고, 아니라고 하면 아니었다.

진실로 너희에게 이르노니

1934년에 최용신은 새로운 지식을 습득하기 위해 오빠와 약혼자가 공부하고 있는 일본으로 떠난다. 고베여자신학교 사회사업학과 청강생으로 공부하게 되지만 뜻하지 않은 각기병이 발발해 반년만에 귀국해 샘골로 돌아온다. 고향집으로 돌아가 요양하려 했으나 샘골 주민들이 붙잡는 통에 가지 못하고 머물렀다. 그 사이 한국 YWCA가 샘골 학교 보조금 중단을 선언해 학교 재정이 위기에 빠진 상황이었다.

자신의 몸을 돌볼 사이 없이 불살라 일한 탓에 그녀는 장중첩증이라는 병에 걸렸다. 몸이 아파도 무리하게 일한 탓이었다. 그녀는 주민들에 의해 수원도립병원으로 옮겨져 두 차례의 수술을 받았으나 회복하지 못했다. 마을 사람들의 극진한 돌봄과 간호에도 불구하고 최용신의 건강은 악화돼 제자들과 주민들, 가족과 약혼자를 뒤로 하고 26세의 나이로 영면하고 말았다.

그녀의 갑작스런 죽음은 샘골뿐 아니라 인근 수원지역의 크나큰 슬픔이었다. 장례식은 사회장으로 진행됐으며 40여리 떨어진 곳의 사람들도 그녀를 떠나보내기 위해 모여들었다. 1939년 최용신 전기를 최초로 집필한 류달영은 최용신에 대한 마을 사람들의 증언을 이렇게 기록했다.

"동네의 많은 사람들은 최 선생의 말씀이면 무엇이든 주저 없이 그대로 이행했다. 그러면 그럴수록 최 선생은 더욱 조심하고 더 친절하게, 더 열심히 모든 사람을 받들었다. 어려운 일이나 급한 일은 모두 다 최 선생에게로 가지고 왔다. 심지어 내외끼리 밤새도록 싸움을 하다가 서로 붙잡고 시비를 가려 달라고 최 선생께로 온 일까지 있었다. 닭 한 마리를 잡아도 붕어 몇 마리를 낚아 와도 보리개떡을 찌더라도 그들은 최 선생에게 나누어 드리지 않고서는 마음 편하게 먹지를 못했다. 동네에서 일어나는 백만사가 모두 최 선생의 뜻에 맞게 움직여지되 절대로 앞에 나서서 이래라저래라 하고

지시하는 일을 아니 하였다. 최 선생은 모든 동네일을 그들 스스로 생각하고 결의하고 이행해 가도록 하는 것이었다."

최용신이 평생 신앙한 기독교의 성경에는 이런 구절이 있다. "내가 진실로 진실로 너희에게 이르노니 한 알의 밀이 땅에 떨어져 죽지 아니하면 한 알 그대로 있고 죽으면 많은 열매를 맺느니라. 자기 생명을 사랑하는 자는 잃어버릴 것이요 이 세상에서 자기 생명을 미워하는 자는 영생하도록 보존하리라"(요한복음 12:24~25) 이것은 예수 그리스도가 자신의 죽음을 예견한 구절이다. 땅에 떨어져 죽은 밀은 인류를 위해 희생해야 하는 자신을 가리킨다. 예수의 이 가르침을 한 치의 오차

경기도 안산에 위치한 최용신기념관 전경[42]

없이 구현한 제자가 그녀다.

최용신이라는 싱싱한 밀알이 떨어져 썩어 희생함으로써 샘골 마을, 나아가 한반도 전역은 사랑과 헌신과 배움의 열매로 뒤덮였다. 최용신이 지은 샘골강습소 교가의 내용인 '우리 강습소는 조선의 싹'처럼 그녀는 썩어 무수한 싹을 일궈내었다. 그녀가 남긴 열매, 살신성인은 겸양과 희생과 나눔과 포근함의 나무가 됐다. 경기도 안산에는 최용신기념관과 최용신 거리가 조성됐고(2007), 한국여성단체협의회에서는 1964년 '용신봉사상'을 제정해 해마다 시상하고 있다.

그녀는 26년의 짧은 생을 살았지만 그녀의 열매들을 생각하면 안타까운 작은 생을 마감했다고 말할 이는 아무도 없다.

매혹적인 입술을 갖고 싶으면
친절한 말을 하라
사랑스러운 눈을 갖고 싶으면
사람들에게서 좋은 점을 보아라

날씬한 몸매를 갖고 싶으면
네 음식을 배고픈 사람들과 나눠라
아름다운 자세를 갖고 싶으면
네가 결코 혼자 걷지 않을 것임을 명심하면서 걸어라

오드리 헵번이 죽기 1년 전
1992년 크리스마스이브에 아들 손에게 들려준 시

오드리 헵번
타이탄 아룸의 역작

100kg의 꽃

인도네시아 수마트라섬에는 사람들의 시선을 끄는 기이한 식물이 있다. 높이 3m, 둘레 1.5m의 큰 덩치를 자랑하는, 타이탄 아룸(titan arum, 학명은 Amorphophallus titanum)이다.

이 식물은 5장의 잎을 가진 30cm 정도의 귀여운 묘목으로 7년간 살아간다. 세월이 지나 잎이 많아지고 키도 5m까지 자라면서 타이탄 아룸은 모든 양분을 알뿌리에 꼭꼭 저장해 둔다. 양분을 먹은 알뿌리가 다 자랐다 싶을 때 지상의 나무 부분은 쓰러지는데, 남겨진 알뿌리의 사이즈는 직경이 1m이고 무게는 무려 100kg에 육박한다.

왜 알뿌리를 이렇게까지 키웠을까? 양분이 가득 찬 알뿌리는 4개월 정도의 휴면기를 거치고 나서 쑥쑥 자라 지구에서 가장 큰 꽃을 피운다. 높이 3m에 달하는 나팔 모양의 이 꽃은 36도 정도의 열을 가지고 특유의 냄새를 발산해 인근의 파리를 모조리 불러 모은다.

다름 아닌 자신의 짝짓기를 위한 파티를 여는 것인데, 열의 도움으로 이 냄새는 반경 1km까지 퍼진다. 꽃은 사이즈에 어울리게 수많은 암술과 수술을 가지고 있다. 이 향기(?)에 반한

헵번은 어린이에게 특히 관심이 깊었다.
1989년 유니세프의 국제 어린이 대니 케이상을 받았다.[43]

파리들이 먼 곳에서 찾아와 꽃의 수분을 돕는다. 하지만 거대한 꽃이 오래 피어있기는 힘들다. 타이탄 아룸은 단 2일 동안 피어 자신의 임무를 다하고 나서 7년의 기다림이 무색하게 꺾인다.

오드리 헵번도 그랬다. 영국인 아버지와 네덜란드계 어머니 사이에서 태어난 오드리 헵번은 영화 「로마의 휴일」(1953)로 본격적인 데뷔를 할 때까지 가정적, 사회적, 시대적인 시련을 겪으며 속으로 알뿌리를 키웠다. 어릴 적 아버지와의 홀연한 이별, 전쟁 속에서 외가의 몰락, 가난과 기아와 질병의 시달림으로 소녀시절이 채워졌다. 그녀의 깡마른 몸매와 커다란 눈 속의 신비한 비애감은 성장과정에서 만들어진 것이라고 한다.

연약한 신체가 뿜어내는 강인함과 배려심과 성숙함은 타이탄 아룸의 알뿌리의 마력일 것이다. 20년을 키워 온 알뿌리의 양분은 오드리 헵번 만의 캐릭터를 만들어 「로마의 휴일」 이후 그녀를 단 몇 년 만에 세상에서 가장 큰 꽃, 최고의 스타로 급성장시켰다.

티파니에서 아침을

그녀의 마력은 무엇이었을까? 타이탄 아룸이 열대지방에

서 누구도 흉내 낼 수 없는 자신만의 모습으로 승부했듯이 오드리도 대단한 존재감을 지녔다. 육감적이고 부드러운 당시의 여배우들과는 달리 보이시하고 단순한 소녀의 매력을 지녔다. 큰 키에 오랫동안 발레로 다져진 몸은 우아함과 자신감을 뿜어냈고, 큰 눈과 각진 얼굴은 당당하게 다양한 감정을 발산했다. 「로마의 휴일」의 공주 역할, 「사브리나」(1954)에서의 신데렐라 역할, 「마이 페어 레이디」(1964)의 숙녀가 된 꽃 파는 소녀 배역은 굳이 연기하지 않아도 그저 그녀 자신으로 충분했다.

디자이너 지방시의 리틀블랙드레스로 치장한, 유명한 첫 장면을 보여주는 「티파니에서 아침을」(1961)에서의 고급 창부 역할조차도 헵번으로 인해 우아하고 담백해졌다. 영화 「파계」(1959)에서는 사명감과 열정 사이에서 고뇌하는 수녀 역할을 멋지게 소화해 내었다.

그녀의 출연작과 성공작을 일일이 다 열거할 필요조차 없다. 분명한 것은 알뿌리 기간을 지낸 그녀가 단 몇 년 만에 인류 영화사를 흔들어 놓는 전설적인 배우로 자리잡았다는 점이다. 하지만 여섯 살에 헤어진 아버지를 그리워하며 온전하고 행복한 가정을 위해 전심전력했던 오드리 헵번은 어쩌면 스타로서의 삶보다는 평범한 가정의 아내이자 엄마의 자리를 더 추구했는지도 모른다. 그녀는 그렇게 따뜻한 사람이었다.

오드리는 두 번의 결혼에서 두 명의 아들을 얻었다. 두 번 다 불행한 결혼이었다. 첫 번째 남편인 멜 페러는 재능 있는 배우이자 영화제작자였으나 아내의 명성에 눌려 늘 열등감에 시달렸다. 두 번째 남편인 정신과 의사 안드레아 도티는 헵번의 유명세를 즐기려 했으나 오드리가 가정 속으로 침잠하는 기간이어서 오히려 불만족을 경험했다.

멜 페러와의 사이에서 숀을, 안드레아 도티 사이에서 루카를 얻기까지 그녀는 무려 세 번 유산하는 아픔을 겪어야 했다.

사진가 버드 프레이커가 촬영한 1956년 전성기 때의 오드리 헵번. 이후 '헵번 스타일'이 유행하기 시작했다. [44]

성공한 배우였던 그녀지만 늘 아이들이 우선이고 아이들과의 시간을 소중히 했다. 어린 시절 자신에게 결핍이었던 가정의 행복을 끊임없이 추구한 삶이었다. 마침내 그녀는 세상의 아이들 모두를 품게 됐다.

정신을 낭비하지 않는 삶

이제 거대한 알뿌리가 키워낸 이 기상천외한 꽃을 찬찬히 살펴볼 차례다. 오드리는 자신의 거대한 매력으로 엄청난 일을 해냈다. 1987년에 생애 마지막 연인 로버트 월더스와 우연히 참석한 마카오 행사에서 그녀는 유니세프와 인연을 맺어, 1988년부터 유니세프 특별 친선대사로 활동하기 시작했다. 보수는 1년에 1달러였다.

타이탄 아룸, 오드리는 에티오피아 기근 발생지역부터 시작해 수단, 소말리아 등 아프리카 각지에서 몸을 사리지 않는 봉사활동을 펼치며 세계 언론에 적극적으로 얼굴을 내보이며 기아와 질병에 시달리는 어린 생명들을 도와달라고 호소했다. 어쩌면 영화 「파계」의 촬영을 위해 콩고에 갔던 것은 우연이 아닐지도 모른다.

타이탄 아룸이 뜨거운 열기로 먼 곳까지 향을 풍겨내듯 그녀 또한 마음 깊은 곳에서 우러나오는 따뜻함으로 지구 전역에 아픔을 전달했다. 순백의 순수를 지닌 그녀의 외침은 수많은 사람의 지지를 불러왔다. 1988년부터 1992년까지 그녀는 그렇게 일했다. 휴식도 여가도 챙기지 않고 죽어가는 사람들을 위해 뛰어다녔다. 주변에서는 그녀에게 제발 좀 쉬라고 충고도 했지만 그녀는 멈추지 않았다. 그런 그녀에게 병마가 찾아들었다.

거대하고 웅장한 타이탄 아룸이 단번에 쓰러지듯 세기의 미녀, 전설적인 배우는 결장암이 전이된 위암으로 스러졌다. 1993년 1월 20일, 겨우 63세였다. 그녀의 장례식에는 유명 배우들이 함께 했고 두 전 남편들과 마지막 연인 로버트 월더스, 평생의 소울메이트인 위베르 드 지방시가 곁을 지켰다.

스티븐 스필버그가 감독한 영화 「영혼은 그대 곁에」(1989)에서 오드리는 천사의 배역으로 카메오 출연했다. 그녀 인생의 마지막 영화였다. 천사는 이렇게 말한다. "너 자신을 위한 일에 너의 정신을 낭비하지 말고 다른 사람을 위한 일에 사용해야 한다." 이것은 오드리가 평소에 하고 싶은 말이었다. 우리 모두는 오드리를 천사로 기억한다.

타이탄 아룸이라는 거대하고 진귀한 식물로 그녀는 살다 갔다. 오드리 헵번이 생전에 했던 말로 글을 맺는다.

"내가 그동안 집에서 머물렀던 것은 내 아이들 때문이었는데, 이제 아이들을 위해서 전 세계를 돌아다녀야 하니 아이러니컬해요. 어린이 한 명을 구하는 것은 축복입니다. 어린이 백만 명을 구하는 것은 신이 주신 기회입니다!"

「로마의 휴일」 중 자전거 타는 그녀의 모습이 세계를 사로잡았다 (위 왼쪽).[45]
첫 번째 남편인 멜 페레와 함께「전쟁과 평화」세트장에서 (위 오른쪽).[46]
열대 식물 타이탄 아룸 (아래).[47]

무엇인가를 발견하고
창조할 능력이 있고
교육을 받은 많은 여성들이
왜 가사와 아이 기르는 데서
'무언가'를 찾으려고
다시 가정으로 들어갔는지는
정말 수수께끼 같은 일이다

여성성의 신화가
미국 여성들이 세계 속에서 성장하는 것을
방해한 것은 아닐까?

베티 프리단, 『여성의 신비』 중에서

베티 프리단
신화를 벗겨낸 허브나무

미국을 뒤흔든 책

 1963년, 미국을 뒤흔든 두꺼운 책이 출판됐다. 단숨에 베스트셀러가 된 이 책은 안온하게 지내던 주부들에게, 일과 가정을 양립하느라 고달픈 워킹맘에게, 그들 곁을 지키던 남성들에게 폭풍이자 지진이었다. 책 이름은 『여성의 신비(The Feminine Mystique)』이며 저자는 베티 프리단(Betty Friedan, 1921~2006)이다. 그녀는 아이 셋을 둔 전업주부로 다양한 여성의 삶을 직접 겪어본 스케일 큰 여성이었다.

아름다움과 능력을 갖췄지만 전업주부로 살아야했던 어머니의 모습을 지켜보며 자란 유태인 소녀, 미국 명문 스미스여대를 수석으로 졸업한 이 여성은 자기성취를 사랑에서 찾으려 했다. 그것은 1950년대 전후 미국의 사회상과 맞물려 있었다. 1950년대는 전쟁에서 돌아온 남자들이 포근한 가정을 꿈꾸던 시기였다. 일찍 결혼한 갓 스물의 아내와 그녀가 낳은 수많은 자녀들이 있어야 했다. 직전의 독립적인 여성상과는 달리 여성성의 신화는 여성의 가치와 목표가 자신의 여성다움을 완성하는 것이라고 가르쳤다. 베티 프리단도 그렇게 생각했다.

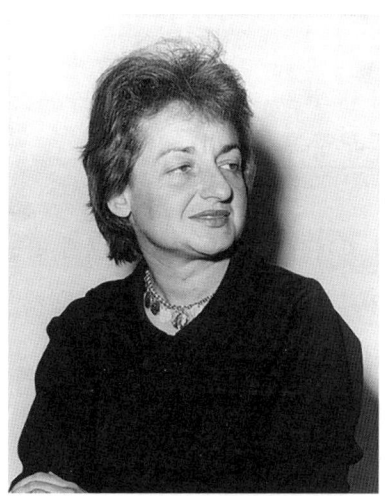

1960년대의 베티 프리단[48]

아버지는 성공한 사업가였지만 유태인이이서 지역사회에서 따돌림 당했고 그녀 또한 학창시절에 같은 이유로 서러움을 당했다. 그녀는 자신을 온전히 이해하고 받아줄 남성, 사랑을 갈구해왔다. 대학을 수석으로 졸업하고 버클리, 캘리포니아대학교 대학원 장학생으로 뽑혀 계속 심리학을 연구할 수 있는 길이 열렸음에도 그녀의 선택은 연인과의 결혼이었다.

그렇게 그녀는 여성의 신비, 여성성의 신화 속으로 걸어 들어갔다. 비좁은 지하방에서 시작한 행복한 신혼이었다. 하지만 남편의 사업 수입으로는 아이들의 육아와 생계가 쪼들리자 궁여지책으로 일감을 찾게 되면서 프리랜서가 되어 잡지에 글을 쓰기 시작했다.

병명: 가정주부증후군

행복하게 세 자녀를 낳고 살던 그녀에게 엄청난 계기가 다가왔다. 바로 1957년 스미스대학 동창회의 제안이었다. 졸업 후 15년이 지난 동창들의 현황을 조사하는 일이었는데, 이 일을 계기로 베티 프리단은 여성성의 신화라는 베일을 하나씩 벗게 됐다. 당시 미국사회는 가족의 신화를 강조했고 그 중심에는 언제나 여성을 뒀다.

1950년대 말에 1,400만 명의 미국 소녀들이 17세가 되면 약혼을 하고 10대 후반 혹은 20대 초반에 결혼했다. 이처럼 일찍이 결혼해 아이를 넷 낳고 교외에 있는 멋진 저택에 사는 것이 당시 미국 여성들의 일반적인 꿈이었다. 스미스대학 졸업생들도 이 신화의 세례를 받고 축복받은 결혼 속으로 다투어 들어갔다.

하지만 주부의 삶 속에는 자아실현이 없었다. 우울한 주부들은 정신과를 찾았고 의사들은 그들에게 '가정주부증후군'이란 병명을 선사했다. 그즈음에 베티의 설문과 인터뷰가 시작된 것이다. 베티는 이 속에 거대한 광맥이 있음을 알았다. 그녀는 이 결과를 책으로 펴내기로 했다. 끈질긴 학구열과 완벽주의로 5년에 걸쳐 원고를 완성했다. 이 책은 폭풍과 지진이 됐다.

서구 역사에서 똑똑하고 현명한 여성은 철저히 배척되어 왔다. 대표적인 사례가 바로 미국 근대까지 내려온 '마녀처형'이다. 베티도 처음에 그런 취급을 받았다. 유태인인 것도 한몫했다. 하지만 그녀는 유태인으로 자라나던 어린 시절부터 마음의 근육을 키워왔다. 곁에서 그녀를 지지해주던 남편과도 헤어지고 혼자 섰다. 카알은 이제 '베티의 남편'이란 칭호를 넌더리냈다. 『여성의 신비』를 집필하며 자신의 모습을 정확히 지켜본 베티는 남편과의 결별을 담담하게 진행했다.

『여성의 신비』는 거대한 책이다. 역사를 거쳐 촘촘하게 짜놓은 여성성의 직조를 풀어헤쳤다. 프로이트 심리학, 사회심리학, 기능주의 교육론, 인류학, 경영학, 생물학, 포로수용소 등을 연구했다. 뿐만이 아니다. 여러 지역에 거주하는 다양한 계층 여성들과의 심층인터뷰, 당시 미국 여성잡지 분석, 여성학 연구의 집적들이 어우러져 시대와 현실을 종횡으로 가로지르는 탐구가 이뤄졌다.

베티는 여성들의 억압된 의식 속에 갖가지 죄의식이 숨어있음을 찾아냈다. 특히 자녀에게 문제가 생기면 모든 원인을 양육자인 엄마에게 돌리는 프로이트의 현미경은 여성을 더욱 더

『여성의 신비』 20주년 기념판 (왼쪽).
1978년 워싱턴 DC에서 열린 행진 중의 베티 프리단 (오른쪽).[49]

벽 속으로 밀어 넣었다. 베티는 여러 연구와 통계를 활용해 직장에 다니는 엄마를 둔 소년들이 학교에 잘 적응하고 범죄율도 낮다는 것을 밝혀냈으며, 청소년 범죄의 근본 원인은 부모의 정서적 불안임을 지적했다.

그녀는 브루노 베텔하임(Bruno Bettelheim)의 다하우 집단수용소 연구를 통해 주부들이 사는 집이야말로 안전한 포로수용소임을 꼬집었다. 성인으로서의 능력이 결여된 채 의존적인 어린이가 되어 인간으로서의 삶의 틀을 포기한 보상도 없는 이 지루한 삶은 대량학살과 무관해보이지만, 바로 이 수용소 안에서 여성의 마음과 정신이 서서히 죽어가고 있음을 폭로했다.

그렇기에 『여성의 신비』는 베티의 진지함과 현실성, 그녀가 살아 온 삶의 모습들이 오롯이 드러난 책이라고 할 수 있다. 이론과 현실의 완벽한 조합은 읽는 이들의 마음에 폭풍을 일으켰다. 여성성의 신화 속에 살아 온 여성뿐만 아니라 그런 여성 곁을 지키는 남성에게도 동일한 반향을 불렀다.

한 그루도 쓰러지지 않게

집필과정에서 그녀는 이미 숲의 허브나무로서 역할을 했다.

『여성의 신비』이전에 미국 여성들은 그들의 숲은 그저 그들의 가족, 남편과 아이들이라고 믿어왔다. 하지만 이 책이 나오고 나서 숲은 확장됐다. 부지런한 베티의 발품과 총명한 그녀의 논리력으로 여성들의 숲, 확대가족의 숲이 만들어졌다. 여성들은 채워지지 않는 공허함을 뚫고 자아를 찾아 성취하기 위해 연대하게 되었다. 이 연대는 미국의 전국여성조직인 NOW(National Organization for Women, 1966)의 결성으로 자연스레 이어졌다.

베티는 NOW의 초대회장이 되어 네트워킹의 노하우와 열정을 여성의 권리를 위해 쏟아 부었다. 한 그루의 나무도 쓰러지지 않게 하려고 그들은 뭉쳤고 행동했다. 폭풍이 불어 닥쳐 시련과 희생이 따랐지만 멈추지 않았다. 베티 프리단은 언제나 그 중심에 있었다. 그녀는 멋진 허브나무, 엄마나무였다(실제로 그녀는 엄마였다). 하나의 허브나무는 수백 그루의 다른 나무들과 연결돼 있으며, 뿌리의 균사덩어리인 균사체 네트워크를 통해 어리고 연약한 묘목들에게 탄소를 나눠줘 광합성을 할 수 있게 한다. 나무들의 연대는 한파와 폭풍으로부터 숲을 지켜준다.

베티 프리단이 그랬다. 집필을 위한 연구과정에서, 책이 출간된 이후에도 그녀는 묵묵히, 꾸준히 허브나무의 역할을 했다. 물론 숲은 조용한 곳이 아니다. 마찬가지로 그녀의 인생과 일에도 숱한 시기와 모함과 따돌림이 있었다. 하지만 그런 일에 흔들릴 허브나무가 없듯이 베티 또한 끄떡도 하지 않았다. 그녀는 자아실현을 통한 여성 인권의 확립과 여성의 지위향상을 지켜보면서 말년에는 대학에서 강의와 연구 활동을 했다.

그녀의 네트워킹 덕분에 미국 여성운동은 제2의 물결을 맞았고, 세계여성사는 새로운 장을 열었다. 한 그루 한 그루 건강한 나무를 가꾸어 거대하고 단단한 숲을 우리에게 선사한 베티 프리단은 강인하고 아름다운 엄마나무, 허브나무다.

1971년, 의회 밖에서 시위대를 이끌고 있다[50]

만일 내가
아프리카의 노래를,
기린과,
등을 대고 누운 듯한
아프리카의 초승달과,
들판의 쟁기와,
커피 열매 따는 일꾼들의
땀에 젖은 얼굴에 대한 노래를 안다면

아프리카도 나의 노래를 알까?

카렌 블릭센, 『아웃 오브 아프리카』 중에서

카렌 블릭센
아프리카를 품은 정원

문명사회를 등지고

1913년 12월, 약혼자와 함께 배를 타고 아프리카에 도착한 여성이 있었다. 이듬해 결혼식을 올리고 케냐 나이로비 인근에 정착한 이 여성의 이름은 카렌 블릭센(Karen Christanze von Blixen-Finecke, 1885~1962)이다. 그녀는 28세에서 46세까지 20년 가까운 세월을 아프리카에서 지내며 자연의 일부가 됐다. 이후 고향 덴마크에 돌아와 그간의 경험을 소설로 엮은 것이 『아웃 오브 아프리카』(1937)이다. (책 제목인 'out of Africa'

는 '아프리카를 떠나며'가 아니라 라틴어 경구 'Ex Africa semper aliquid novi'에서 따온 것으로, '아프리카로부터는 항상 무언가 새로운 것이 생겨난다'라는 뜻이다.)

물론 그의 첫 소설은 1934년 미국에서 출간한 『일곱 개의 고딕 이야기』이다. 흥미롭게도 그는 이삭 디네센(Isak Dinesen)이란 필명으로 이 작품을 발표했다. 필명 '디네센'은 그의 결혼 전 이름이었다. 그는 유명작가가 된 뒤에도 한사코 필명을 고집했던 것으로 알려졌다. 이른바 '여류작가의 새장' 속에 갇히고 싶지 않아서였을 것이다.

소설 창작에 나선 40대의 블릭센의 재정 상황은 좋지 않았다. 이혼, 연인과의 사별, 빚에 넘어간 케냐 커피 농장 등 불운이 잇따른 상태였다. 그가 모국어가 아닌 영어로 첫 소설을 쓴 것도 '더 많이 팔기 위해서'라는 이야기도 있다. 그러나 이마저도 순탄치 않았다. 비록 남작 부인이라고는 하지만, 46세의 무명 여성 작가에게 유명 출판사들은 호의적이지 않았다. 그러나 우여곡절 끝에 그의 작품은 베스트셀러의 반열에 올랐다.

노벨상 후보에 두 번이나 오른 『아웃 오브 아프리카』 1985년 시드니 폴락 감독이 영화로 만들었다. 작가 사후의 일이다. 영화 속에서 카렌이 연인인 데니스 핀치해턴과 경비행기를 타고 아프리카 초원 위를 나는 장면은 유명하다. 오스카상 7개 부문을 수상한 영화지만 원작에서는 간단히 다뤄진 두 사람의 우정은 로맨스로 부풀려지고 주 내용인 아프리카 원주민 부족들과 야생동물들, 가축들과 은공농장의 일화들이 단순화된 것은 유감이다. 이 소설은 다름 아닌 카렌 블릭센 남작 부인의 삶 그 자체였으니까.

스웨덴 코펜하겐에서 군인이자 정치가, 문필가인 아버지와 부유한 집안의 딸인 어머니 사이에서 3녀 2남 중 둘째로 태어

아프리카 시절의 카렌 블릭센[51]

난 카렌은 부계 6촌인 브로르 본 블릭센피네케 남작과 결혼해 케냐로 이주한다. 결혼 이듬해 남편에게서 매독이 옮아 고생하며 이후로 아이를 가질 수 없는 몸이 된 카렌은, 남편과 별거하고 결국 40세에 이혼한다. 열정적인 카렌은 커피농장을 운영하며 아프리카 속으로 녹아들어 간다.

활발하고 따뜻한 블릭센 남작 부인은 원주민들의 상처를 치료해주고 아픔을 감싸안으며 분쟁과 사고 등 온갖 문제를 끌어안고 생활한다. 백인이 흑인에게 가질 수 있는 편견 따윈 그녀에게 없었다. 그녀는 케냐의 여러 부족인 소말리족·스와힐리족·키쿠유족·마사이족 각각의 관습을 상세히 파악해 존중했다.

은고마를 즐기다

아이들을 위해 학교를 세우고 갈 곳 없는 원주민을 자신의 농장에 고용해 보살피고 환자들을 병원에 입원시키는 사랑과 정성으로 그녀는 그들의 보호자, 중재자, 재판관, 의사, 교사, 목사가 된다. 하지만 카렌의 이러한 삶은 결코 '신의 영광을 위한 것'이 아니었다. 그저 단정한 '자연의 원리'를 따랐을 뿐이다.

그녀는 거리의 소년들이 뙤약볕에서 온종일 판매용으로 들고 있던 아기 영양을 데려다 키운다. 이 영양은 '룰루'라는 이름으로 농장 사람들의 사랑을 독차지했는데, 다 자라 숲으로 돌아가 결혼을 하고 아이를 낳고 살다가 종종 집에 찾아오곤 했다. 카렌은 갈 곳 없어 떠도는 스웨덴 노인 크누센을 거두어 일감을 주어 돌봐주고, 실패한 사내 엠마누엘손이 생존을 위해 떠나는 길에 여비와 먹을 것을 챙겨준다.

그녀의 집은 각종 식물과 동물이 어우러진 평화로운 '정원'이었다. 인도의 대사제가 들르고 백인 귀족들이 놀러 왔다. 전축에서 울리는 클래식 음악을 들으러 오는 원주민 소년과 탄

로버트 레드포드와 메릴 스트립이 주연한 「아웃 오브 아프리카」의 한 장면

원서를 부탁하는 아이 잃은 원주민 아버지도 있었다. 여성이든 남성이든 흑인이든 백인이든 간에 사람을 대하는 그녀의 태도는 항상 똑같았다. 그녀의 마음속에는 인간이나 동물이나 모두 자연의 일부라는 믿음이 있었다. 그녀에게는 다양한 친구들이 있었다. 특히 버클리 콜과 데니스 핀치해턴과는 사이가 각별했다.

버클리 집안은 초기 정착민이자 식민지 개척자였다. 마사이족과 친밀한 버클리 콜은 영국 정부가 마사이족 추장들에게 내리는 훈장수여식을 카렌의 집에서 거행하기도 했다. 바다를 사랑하던 그는 카렌과 바다항해를 계획했지만 심장병으로 일찍 죽고 만다. 전설적 존재인 그의 죽음 앞에서 원주민들은 매우 슬퍼했다.

데니스 핀치해턴은 카렌이 20년이 넘게 사랑했던 연인이다. 영국인 사냥꾼인 그가 44세에 경비행기 사고로 생을 마감했을 때 원주민은 물론이고 유럽인들도 그의 죽음을 진심으로 애도했다. 카렌 블릭센 남작 부인은 아프리카를 사랑했고 그곳에 뼈를 묻고자 했다. 연인인 데니스와 함께 자신들이 묻힐 곳을 골라두기도 했다. 커피사업의 실패로 농장을 정리한 그녀는 데니스를 장사지낸 후 고향으로 돌아간다. 46세 때였다. 하지만 그녀는 끝까지 아프리카에 대한 미련을 떨치지 못했다. 그녀가 보고 냄새 맡고 느끼고 들은 아프리카의 자연은 생명 그 자체였고 그 속에 사는 원주민과 밀림 속 동물들은 자연의 숨결이었다. 그녀는 그 안에서 자신 또한 바람이 되고 비가 되고자 했다. 바람처럼 떠도는 친구 데니스와 함께 한 쌍의 날개가 되어 원주민들의 강렬한 춤 잔치인 '은고마'를 즐기면서.

작은 카멜레온조차도

카렌이 냉혹한 현실에 밀려 농장과 모든 가산을 정리할 무렵, 새로운 주인에게 이주 통보를 받은 소작농들은 그들이 한곳에 모여 함께 지내게 해달라고 보호자인 그녀에게 간청한다. 카렌이 이 일을 케냐 정부에 강력히 청원한 결과 소작농들은 카렌의 은공농장에서 그리 멀지 않은 다고레티 산림 보호구역 일부를 허락받게 됐다.

카렌은 아프리카라는 자연 속 은공농장을 정원처럼 가꾸어왔다. 하인과 소작농은 물론이고 가축과 식물들, 그리고 농장에 놀러 온 작은 카멜레온조차도 카렌의 손길을 거쳤다. 정원은 생명이 숨 쉬는 곳이고 자라는 곳이고 죽는 곳이다. 많은 친구가 나비와 벌처럼 이 정원에 놀러 왔다. 그들은 카렌의 음식과 집과 이야기와 환대를 즐겼다. 그녀는 정원에 들른 생명체가 아무리 작고 초라하고 무지하다 해도 홀대하지 않았다. 정원은 생명의 공간이기 때문이다. 그녀 자신은 정원의 일부였고, 그래서 이 정원을 쉬이 떠날 수가 없었다.

하지만 이 정원을 포기할 수밖에 없었던 그녀의 후반부 삶은 문명 속 지구인들에게 진짜 정원을 선사해 주었다. 데니스가 죽고 나서 고향으로 돌아온 그녀는 『일곱 개의 고딕소설』, 『바베트의 만찬』 등 수많은 작품을 내놓았다. 46세 부터 뛰어난 이야기꾼으로 활동하다가 70세에 위궤양수술로 건강이 악화돼 77세(1962년)에 고향 룽스테드룬에서 영양실조로 세상을 떠났다. 비록 원작의 내용과는 많이 다르지만, 우리는 영화

카렌 블릭센 박물관 전경. 코펜하겐 북쪽 룽스테드룬트에 있다.

「아웃 오브 아프리카」를 통해 생명이 꿈틀거리는 아프리카를 본다. 그리고 그 속에서 조화롭게 살아가는 각종 인간과 동물, 식물들의 합창을 듣는다. 카렌의 따뜻하고 풍성한 정원은 우리 마음속에 영원히 살아있다.

이 모임에서는
세계의 평화를 이야기 합니다만,
이렇게 무책임하게 분단 상황을 만들어 놓고
어떻게 일치·연합·인권·평화존중을 요구합니까?

여러분,
말로만 평화를 논하지 마십시오

한반도 분단의 당사자들은 그 책임을 통감하고
본국에 돌아가서
깊이 반성하는 기회를 갖기 바랍니다
가족과 함께 우리의 통일을 위해
기도하시기 바랍니다

밴쿠버 세계기독교협의회 WCC 총회연설, 1983

이태영
'노라'를 위한 채송화

당장 끌어내!

1935년 11월 29일 오후 7시에 시작된 전조선 여자전문학교 웅변대회에는 7명의 학생이 참여했다. 조선중앙일보사가 주최한 이 대회는 서울 YMCA 강당에서 열렸다. 다섯 번째로 연단에 오른 이화여전 학생이 웅변을 시작하고 얼마 안 되어 청중석에서 야유가 쏟아졌다. "야, 집어치워. 저 이혼감 봐라." "당장 끌어내!" 삿대질과 폭언이 난무했다. 사람들은 의자에서 일어나 발을 굴렀다. 하지만 이 학생은 전혀 개의치 않았다. 이 학생의 이름은 이태영, 나이는 22세였다. 웅변 제목은 「제2세대의 인형」이었는데, 1등을 차지한 이 웅변의 내용은 이렇다.

"제1의 인형이 입센의 '노라'라면 제2의 인형은 한국 여성이다. 지금까지 한국 여성은 남편의 노예이고 부속품에 지나지 않았다. 한국 여성들은 '노라'처럼 참고 복종하는 굴레에서 벗어나야 한다. 아내이며 어머니이기 이전에 인간이어야 하고 남자들과 동등한 대우를 받아야 한다. 이것은 한국 여성 각자가 찾아야 한다. '노라'처럼 집을 뛰쳐나가라는 말이 아니다. … 한국의 '노라'는 제 집과 자녀들을 버리고 집을 나가는 어리석은 행동으로 대처하지 않을 것이며, 차라리 아내를 무시한 남편 헬마를 밀어내어 집에서 내쫓아 버릴 것이다."

이 당돌하고 씩씩한 여학생은 가정생활과 공적 활동 모두에서 풍성한 열매를 맺었다. 그는 훗날 대한민국 최초의 여성 변호사가 됐고, 라몬 막사이사이상(1975), 유네스코의 인권교육상(1982), 3·1문화상(1992) 등 많은 상을 받은 인물이 됐다.

순사의 질문에 태영은 답했다

이태영(李兌榮, 1914~1998)은 평안북도 운산군 북진읍 진동에서 아버지 이흥국과 어머니 김흥원 사이의 1녀2남 중 막내로 태어났다. 이 지역은 운산금광 개발로 미국, 일본, 중국 등 여러 나라 사람들이 몰려온 국제적인 곳이었다. 이태영의 아버지는 광산일로 많은 돈을 벌었고 독립투사들에게 자금을 지원했다. 막내딸이 첫 돌을 지났을 때, 아버지가 탄광사고로 세상을 떴다. 무남독녀인 어머니는 친정에 의탁했지만 가게를 열어 장사하면서 독립적으로 생활하는 현명하고 강인한 모습을

최초의 여성 변호사, 이태영 박사[52]

보였다.

3·1운동이 일어났을 때 여섯 살짜리 이태영은 어머니를 따라 대한독립만세를 외쳤다. 그러고는 자신보다 나이가 많은 일본 남자아이에게 매섭게 쏘아 붙였다. "여긴 우리나라야. 왜 여기 와서 사는 거야. 빨리 너희 나라로 돌아가!" 아이는 눈물을 흘렸고 다음 날 순사들이 태영을 체포하러 들이닥쳤다. '왜 너희 나라로 돌아가라고 했냐'는 순사의 질문에 태영은 답했다, '한국 사람은 한국에 살고, 일본 사람은 일본에 살아야 한다'고. '그렇게 시킨 사람이 누구냐'는 물음에는, '아이가 그 사실을 모르는 것 같아서 가르쳐 주었을 뿐'이라고 거침없이 말했다. 이태영은 풀려났다.

이태영이 8세 때, 큰 오빠 태윤이 미국인 선교사의 비서로 취직하면서 가족은 영변으로 이사했다. 가장이 된 큰 오빠 태윤의 뒷바라지로 이태영은 평양 정의여고를 거쳐 이화여자전문학교에 진학했다. 태영의 롤 모델은 가정과 직업을 병행하면서 성공적 삶을 살아낸 마담 퀴리였다.

마리 퀴리를 꿈꾸다

1935년 크리스마스 때 정동교회에서 이화 합창단원으로 독창하는 이태영을 눈여겨 본 남자가 있었다. 그는 평안남도 진남포 앞바다 제도에서 태어난 정일형이다. 평양광성학교와 연희전문대학 문과를 졸업한 후 미국 웨슬리언대에서 신학과 사회학을 공부한 그는 뉴욕 드류대에서 철학박사 학위를 받고 귀국했다.

연희전문학교 사회학 교수로 부임했으나 독립운동을 위해 대중 속에 뛰어들기로 결심해 교수직을 그만두고 평양 선교리 공장지대에 와서 교회를 개척하기 시작했다. 마침 이태영이 학업을 마치고 평양여자성경고등학교에서 교사로 일하기 시작한 시기였다. 정일형은 이태영에게 마음을 고백했고, 두 사람은 1936년 크리스마스 다음 날 평양 정의여고 강당에서 결혼식을 올렸다. 신혼 첫 날부터 이태영은 홀시어머니를 모시고 온갖 집안일을 도맡았다. 남편이 감리교 신학교에서 강의하게 되자 가족은 서울로 이사했고 이태영도 서울에서 여학교 교사로 취직했다.

1940년에는 내선일체를 주창하는 일제의 창씨개명과 신사참배 강요가 거세어졌다. 일제는 계략을 세워 감리교 신학교의 교장과 교수들, 학생들까지 잡아 가두었고 학교는 폐교시켰다. 남편 정일형 박사의 옥살이가 시작된 사건이다. 매일 10시간에 걸쳐 온갖 고문을 받는 나날이었다. 죽음의 문턱까지 갔던 그는 잠시 풀려났다가 다시금 종교계 인사들과 함께 체포돼 평양경찰서로 압송됐다.

이태영의 남편 정일형 박사는 1945년 봄에 무죄 언도를 받을 때까지 5년에 걸친 감금생활을 지냈고, 생사를 헤매는 남편의 옥바라지와 시어머니 봉양, 아이들 양육은 오롯이 이태영의 몫이었다. 여학교 교사 월급으로는 가계를 감당할 수 없기에 누비이불을 만들어 팔면서 가까스로 생활했다. 학교가 폐교되면서 신학교 사택에서 쫓겨날 때 이태영은 만삭의 몸이었다. 1943년 12월 말, 냉혹한 겨울에 가족은 거리로 나앉았다. 이태영이 길에서 울고 있을 때, 어떤 할머니가 만삭의 임

가족법 개정 캠페인을 벌이는 이태영[53]

산부를 동정하여 집으로 데리고 갔다. 그녀는 그 집 안방에서 아들을 낳았다.

다만 제 자리를 찾았을 뿐

1945년 봄에 남편이 석방되고 여름에는 해방이 됐다. 미군이 남한에 주둔하게 되면서 하지 중장 환영 준비위원회가 만들어지고 남편 정일형 박사도 그 일원이 되어 서울로 향했다. 서울에서 남편은 아내에게 편지를 보냈다. "여보, 이제 보따리를 바꿔 멥시다. 기다리던 그 세월이 바로 지금 왔으니 평생소원이던 법률공부를 하시오. 머리털 뽑아 신은 못 삼을지언정 결초보은 하겠소. 아무 미련 없이 빨리 서울로 올라오도록 하시오."

33세 가정주부인 이태영은 남녀공학이 된 서울대에 최초의 여학생으로 입학했고(1946) 법과대학을 졸업했다(1950). 이태영은 1952년 고등고시에 합격했으나 이승만 대통령이 '여성이 판사가 되는 것은 아직 시기상조'라고 반대해 법관으로 임명되지 못했다. 잠시 낙담했지만 5,000년 역사 속 최초의 여성변호사에게 몰려들어오는 불행한 '노라'들을 만나면서 이태영은 자신의 임무를 깨달았다.

그것은 가정법률상담소의 시작이었고 뒤이은 여성백인회관의 개원이었다. 이후 김옥길 총장의 강권으로 모교인 이화여대 법학대학 학장직으로 봉사하기도 했다. 기본적 인권으로서의 여성의 권리에 주목했기에 이태영의 족적은 더 의미가 깊다. 가족법 개정과 관련해 이렇게 말한 데서도 그의 면모를 엿볼 수 있다.

"가족법이 개정됐습니다. 오백 년 묵은 인간 차별의 벽이 무너졌습니다. 주위의 많은 분들이 여성의 지위가 높아졌으니 … 축하한다고 말해옵니다. 그러나 나는 그렇게 생각하지 않습니다. 여성이 새로운 것을 얻은 것은 아무것도 없습니다. 다만 '제 자리'를 찾았을 따름입니다. 사람으로 태어났기에 사람 노릇하게 됐을 뿐입니다." - 1989년 제3차 가족법 개정 이후 이태영 박사의 소감 중에서

이태영은 채송화로 살았다. 채송화의 비밀은 '혼자 또는 함께'다. 전형적인 한국의 마당에 피는 작고 귀여운 채송화는 암수술이 같은 시간에 성숙한다. 채송화는 햇빛이 강한 정오에 활짝 피는데 이때 벌들이 찾아와 수분해 준다. 타가수분하는 시간이다. '함께'해 씨앗을 만드는 과정이다. 그런데 채송화는 오후에 은밀하게 제2의 삶을 시작한다. 자가수분 과정이다.

아직 수분이 안 된 꽃의 수술들이 몸을 이리 저리 비벼대어 암술에 자기 꽃가루를 묻히는 것이다. 이렇게 '혼자'서 씨앗을 만들기도 한다.

이태영은 딸로서 아내로서 며느리로서 어머니로서 충실한 인생의 열매를 맺었다. 모든 것을 '함께'했던 나날이다. 해방 후에는 남편의 외조로 '혼자'의 삶을 완성했다. 자아실현이다. 그렇게 맺은 열매와 씨앗은 한국 여성의 희망이 됐다. 그는 어느 것 하나 부족함 없이 철저하고 충만한 삶을 살아 냈고 모든 방면에서 완벽한 씨앗을 거뒀다.

1956년 12월 1일 바로 오늘,
아내와 나는 우리의 스물아홉 번째
결혼기념일을 조용히 축하하고 있다

아내와 나는 다시 한 번
주께서 우리에게 내리신
지상과제에 헌신하겠다고 다짐하며
우리를 기르신 어머니들의 노력을
헛되이 하지 않기 위해
분투할 것이다

쑹 메이링의 남편 장제스의 고백,
『중국 안의 소련(Soviet Russia in China)』중에서

쑹 메이링
공중뿌리를 내린 꽃잔디

조금 특별한 집안의 막내딸

지구상에서 가장 넓은 대륙인 중국과 아메리카를 오가며 무려 3세기에 걸쳐 화려하게 산 여성이 있다. 그녀의 이름은 쑹 메이링(宋美齡, 1897~2003), 지금도 중국인들의 입에 전설처럼 오르내리는 '쑹씨 황조'의 막내딸이다. 아름답고 매력적이고 거침없는 그녀의 활발함은 아버지 쑹자수에게서 물려받았다.

쑹자수는 남중국해 하이난 섬에서 농부의 아들로 태어나 17세에 친척 아저씨에게 입양돼 미국으로 건너간 후, 고생 끝에 중국 최초의 선교사가 되어 귀국한다. 그는 명망있는 기독교 집안의 딸 니구이전과 결혼해 3남 3녀를 낳는다. 미국을 떠날 때 중국을 바꾸겠다고 결심했던 그는 선교사 일을 그만두고 사업에 뛰어들어 큰 부를 일궜으며, 1894년에 쑨원(孫文)을 만난 이후 전폭적으로 쑨원을 지지하고 후원했다.

쑨원과의 긴밀한 만남은 쑹자수의 세 딸 아이링, 칭링, 메이링의 인생과 엮인다. 쑹자수는 세 딸을 모두 미국으로 유학 보냈는데, 미국에서 아홉 살부터 공부한 막내 메이링은 유독 미국생활을 즐겼다. 19세가 된 그녀가 상하이의 집으로 돌아온

중일전쟁 중 특별 라디오 방송을 하는 쑹 메이링[54]

지 얼마 안 되어 아버지가 병으로 사망한다. 당시 큰언니 아이링은 부유한 집안의 미국 유학 출신 쿵샹시와 결혼한 상태였고, 조용하고 수줍은 둘째 언니 칭링은 부모의 반대를 뚫고 쑨원의 아내가 되어 있었다.

큰 언니의 소개

1926년, 큰 언니 아이링은 메이링에게 장제스(蔣介石)를 소개한다. 장제스는 상하이 근방 시커우에서 가난한 상인의 아들로 태어나 여덟 살에 아버지를 여의고 홀어머니 왕씨 부인의 손에서 자랐다. 그는 1911년 쑨원의 정적 타오청장을 암살한 후 쑨원의 신임을 받았고, 국민당 군에서 소련의 영향력을 일소해 타고난 전략가로 부상했다.

38세의 장제스에게는 아내와 첩들이 있었지만 모든 관계를 정리하고 1927년 12월에 메이링과 결혼식을 올린다. 이후 처형 아이링은 장제스에게 지속적으로 큰 영향력을 행사한다. 1928년에 장제스는 국민당 정부의 주석이 됐다. 장제스는 쑨원의 삼민주의를 자신의 정통성을 위한 방패로 삼았지만, 독재자여서 적이 많았다. 장제스를 향한 수차례의 암살 시도를 겪으며 메이링은 아이를 유산했고 평생 자식을 낳지 못했다.

장제스의 측근은 대부분 쑹씨 가족의 일원이었다. 큰 처형 아이링의 남편 쿵샹시와 처남 쑹쯔원은 집권 내내 요직을 맡아 일했다. 측근정치로 인해 장제스는 민심을 잃었고 공산당은 그 틈을 타 1931년 중국 동남부 지역에 '중화소비에트공화국'을 수립했다. 당시 중국은 기근과 태풍, 홍수로 수백만이 사망하는 어려운 때에 직면하고 있었다. 이러한 사실들은 메이링의 마음을 괴롭혔고 어머니 사망 이후 메이링은 독실한 기독교 신자가 된다.

같은 해 가을에 장제스는 공산당을 비옥한 동남부에서 몰아냈다. 하지만 그는 마오쩌둥(毛澤東)이 다른 공산당군 부대와 회합하는 것을 묵인했고, 그 결과 1936년에 공산당 주력부대가 중국 서북부에 집결할 수 있었다. 장제스는 현지 사령관인 장쉐량(張學良)에게 공산당을 토벌하도록 지시했지만, 장쉐량은 공산당과 접선해 쿠데타를 모의했다. 장제스는 12월에 시안으로 갔다가 억류됐고 이 소식을 들은 메이링은 엄청난 반대를 뚫고 남편을 구하러 들어갔다. 그녀는 뛰어난 외교력과 수완으로 장쉐량의 마음을 돌렸고 남편 장제스를 구출하는 데 성공했다.

공군의 어머니

장제스의 인기는 이 사건 이후 정점을 찍었다. 메이링의 지혜가 남편의 입지를 바꾼 것이다. 1937년 일본은 베이징과 톈진을 점령했다. 메이링은 언니 아이링과 함께 최전선에서 병사들을 격려하고 해외 언론에 일본의 침략상을 알렸다. 부상병들을 방문하던 중 자동차가 전복돼 갈비뼈가 부러지고 뇌진탕을 입는 사고를 겪었는데, 그대로 일어나서 야영지를 순회하기도 했다. 12월이 되자 수도 난징이 점령됐다. 장제스

쑹 메이링의 자매들은 근대 중국의 역사와 긴밀하게 이어졌다.
(왼쪽 사진 중 오른쪽이 메이링)[55] 타임지 커버를 장식한 장과 쑹 부부 (오른쪽)[56]

는 난징에서 충칭으로 정부를 이전했다. 메이링은 미국에서 클레어 셔놀트 대위를 발탁해 중국으로 초빙했다. 그는 100여 명의 미국인 조종사들로 공군의용대대인 '플라잉 타이거즈(Flying Tigers)'를 창설해 수백 대의 일본 전투기를 격파했다. 이 일로 메이링은 '항공위원회 비서장'이란 직함을 가졌고 '중국 공군의 어머니'라는 별칭도 얻었다. 이 시기 장제스의 명망은 아내의 용기 있는 모습 덕분이었다.

진주만 공습 이후 1943년 2월 18일 미국 의회에서의 메이링의 연설은 역사적이었다. 완벽한 영어로 항일 의지를 언표하여 듣는 이들의 눈물을 짓게 했고 4분에 걸친 기립박수가 이어졌다. 1943년 11월 열린 카이로회담은 루스벨트 대통령과 윈스턴 처칠 영국 총리가 참석해 제2차 대전 및 전후 아시아에 관한 중대한 결정을 내리는 자리였다.

타이완으로

메이링의 매력과 기품, 유창한 영어와 세련된 화술의 기여로 장제스는 큰 성과를 얻었다. 또한 카이로 회담에서 한국의 독립을 약속했는데, 그 공로로 메이링에게 대한민국 건국훈장 대한민국장(1966년)이 수여됐다.

1945년 8월, 일본이 항복하고 나자 장제스는 마오쩌둥과의 힘겨운 싸움에서 처참하게 패배했다. 1948년 여름, 장제스는 타이완으로의 이주를 준비한다. 이 과정에서 패배의 화살은 장제스의 처가인 쿵씨(아이링의 남편 쿵샹시 집안)와 쑹씨 일가에게 겨누어졌고, 1948년 11월에 메이링은 남편에 대한 배신감과 울분으로 뉴욕으로 향한다. 메이링이 남편의 간절한 호소로 다시 돌아온 것은 1950년 1월이었다. 메이링의 귀환은 장제스에게 큰 힘이 됐다. 그녀의 귀국은 국민당원의 사기를 올려주었다.

남편과 함께 타이완으로 이주한 메이링은 퍼스트 레이디의 공식업무를 완벽하게 수행했고, 미국의 원조를 누리며 20년 간 평화롭고 안락한 삶을 누렸다. 1975년, 87세의 장제스가 죽은 후에도 메이링은 타이완의 후계자가 된, 장제스가 전처 사이에서 낳은 아들 장징궈(蔣經國)와 좋은 관계를 유지했다. 이후 뉴욕에 정착해 조용한 말년을 보내다 2003년 10월, 105세의 나이로 영면했다.

공중뿌리를 내린 꽃잔디

'메이링'을 포함한 쑹씨 세 자매는 꽃잔디의 삶을 살았다.

꽃잔디는 붉은색, 흰색, 분홍색의 귀여운 꽃을 피우는데, 잔뿌리가 많아 번식력이 좋다. 나무를 심고 흙을 돋운 곳에 꽃잔디를 심으면 흙을 꽉 잡아주어 나무의 생장을 돕는다. 사람들은 꽃잔디 가지에서 나온 공중뿌리를 땅에 심어주는데 생명력이 강한 꽃잔디는 어떤 땅, 어떤 기후에서도 잘 적응해 땅을 뒤덮는다.

메이링은 화목하고 부유한 가정에서 출생했으나 중국은 험난한 역사의 고비를 넘고 있었다. 청왕조의 몰락과 공산주의자 레닌의 깊숙한 개입, 일본의 침략과 국민당·공산당의 전투

1943년 카이로 회담에서. 좌로부터 장제스, 프랭클린 D. 루스벨트, 윈스턴 처칠과 쑹메이링. 그녀는 여기서 남편의 통역으로 활약했다.

등으로 바람 잘 날 없는 격변의 날들이었다. 이 속에서 쑹씨 가문의 세 딸 모두 꽃잔디의 일생을 살았다.

첫째 아이링은 붉은 색이었다. 그녀는 자신의 욕망을 잘 알았고 장제스의 권력을 통해 원색적으로 그것을 충족했다. 둘째 칭링은 흰 꽃잔디였다. 쑨원과의 결혼을 저돌적으로 성사시켰고 쑨원의 사망 이후에도 공산당을 지지하며 두 자매와는 다른 고독한 길을 걸었다. 막내 메이링은 가장 사랑스런 분홍빛이었다. 사랑스러움과 원만함으로 장제스와 중화민국이라는 나무가 잘 지탱할 수 있도록 단단하게 흙을 잡아주었고, 필요할 때마다 수많은 공중뿌리를 내려 자신의 영토를 넓혔다. 퍼스트레이디로서 본국에 남아 역할을 수행하기도 하고, 미대륙에 나가 훈풍을 불러와 타이완을 지켰다.

분홍 꽃잔디 메이링만큼 강인하고 온화하게 자신의 역할을 수행한 인물이 또 있을까? 지혜롭고 아름다운 이 꽃잔디는 제2의 고향 미국 뉴욕 땅에 잠들어 있다.

우리는 몸으로 배우고 있습니다
나만 하더라도 지금까지 체험한
공포만으로도 충분했습니다
무엇이 차별인가 하는 것은
내 존재의 깊은 곳에서 알게 되었지요

지금까지의 내 인생이 무엇이었던가를
분명하게 말하라면
착취 그 자체라고 할 수 있을 겁니다
내가 경험한 굶주림과의 투쟁을
일일이 이야기하려면
상당한 시간이 걸릴 것입니다

『리고베르타 멘츄』 중에서

리고베르타 멘츄 툼
바퀴에 깔려도 살아난 질경이

멸시, 착취, 굶주림

  1993년 노벨평화상 수상자는 과테말라의 한 여성이었다. 35세의 그녀는 양 갈래로 묶은 긴 검은 머리에 초록 바탕에 원색의 물결무늬와 동물들이 그려져 있는 마야 원주민 의상을 입고 있었다. 갈색의 둥근 얼굴에 오목조목한 이목구비에서 가장 도드라진 것은 동그랗게 큰 눈이었다. 그 눈은 모든 것을 알고 있고 모든 것을 말하는 듯했다. 수상 연설을 하러 연단에 선 그녀는 이렇게 말했다.

"과테말라에서 식민시대뿐 아니라 독립 이후 공화정 시대에도 지속적으로 무시되고 멸시받아온 원주민의 정서와 권리를 인정하는 것은 매우 중요한 문제입니다. 국민생활의 모든 측면이 제대로 모습을 갖추도록 기여하는 원주민의 독특한 정체성이 없다면 자유롭고 독립적이며 민주적인 과테말라를 상상하는 것은 불가능합니다."

그녀는 원주민의 가치관과 세계관을 보존하는 것이 과테말라뿐 아니라 세계가 함께 추구할 평화의 길임을 강조했다. 이 젊은 여성은 리고베르타 멘츄 툼(Rigoberta Menchu Tum, 1959~)이다. 1983년 23세의 나이에 출간된 구술자서전 『나, 리고베르타 멘츄(I, Rigoberta Menchu: An Indian Woman in Guatemala)』로 세상은 이미 그녀를 알고 있었다.

리고베르타는 과테말라 북서부 산악지대 마야문명의 발상지인 우스판탄 마을에서 족장인 아버지 비센테 멘츄와 어머니 후아나 툼 데 멘츄 사이에서 태어났다. 족장인 아버지는 마을사람들로부터 두터운 존경과 신뢰를 받았고, 어머니는 산파로서 많은 사람들을 돕고 품어주었다. 리고베르타의 가족은 라디노(ladino)가 마을에 몰려오면서 고향에서 쫓겨나게 됐다. 라디노란 백인과 원주민의 혼혈인 '메스티조'를 뜻하며 이들은 정복자의 편에 서서 원주민인 '인디헤나'를 동물처럼 취급하고 멸시했다.

리고베르타는 지주와 군부의 비인도적인 착취와 탄압을 겪으며 성장했다. 8세 때부터 커피농장에서 커피를 수확했고, 12세까지는 목화와 사탕수수를 땄다. 그 사이 겨우 두 살배기였던 남동생이 영양실조로 사망했는데 지주는 가족들이 아이를 매장하느라 하루를 쉬었다는 이유로 그들을 해고했다.

이웃에 도움을 청하고 싶었지만, 과테말라 원주민은 각각 22개의 언어를 가지고 있어 의사소통이 되지 않았다. 어린 리고베르타는 스페인어를 습득할 필요성을 뼈저리게 느끼고 도

마야인의 후손, 리고베르타 멘츄 툼[57]

시로 가 수도 과테말라시티의 부잣집에서 하녀 생활을 했다. 하지만 거기에서도 온갖 착취와 부당한 대우, 그리고 굶주림에 시달려야 했다.

들개와 독수리의 먹이

결국 8개월 만에 고향에 돌아오는데, 13세 소녀가 만난 현실은 아버지의 구금과 18년형 선고였다. 지주들은 정부와 한통속이 돼 농민들에게서 토지를 빼앗았고 리고베르타의 가족들도 1967년부터 집에서 쫓겨나기 시작했다. 그녀의 아버지는 지주들에 맞서 22년간 물러서지 않고 투쟁했다. 가족들의 노력으로 아버지는 14개월 만에 풀려났지만, 다시금 지주의 경비병에게 끌려가고 말았다. 머리 가죽이 벗겨지고 뼈가 으스러지는 폭행을 당했어도 진료를 받을 수 없었다. 아버지를 치료하지 말라고 지주들이 라디노 의사들을 매수했기 때문이다.

당시 지주들의 만행은 상상할 수 없을 지경이었다. 1975년에 16세의 리고베르타는 친구 페토로오나의 시체와 마주했다. 페토로오나는 세 살짜리 딸과 두 살짜리 아들을 둔 미모의 유부녀였는데, 지주 아들의 끈질긴 구애를 거절하다가 끔찍한 죽임을 당했다. 소작인인 그들 부부는 농장에 살고 있었는데 남편이 없는 시간에 지주의 아들이 그녀에게 접근했다. 그녀가 거절하자 언쟁이 벌어졌고 지주의 아들은 농장의 경비원들에게 페토로오나를 손도끼로 토막 내라고 명령했다. 명령을 받은 경비원들은 그녀를 처참하게 살해했다. 그 바람에 엄마에게 안겨있던 아기의 손까지 떨어져 나갔다. 원주민 인디헤나들은 이처럼 동물 취급을 받으며 살아갔다.

다시금 투옥됐던 리고베르타의 아버지는 1977년에 석방돼 UCC(농민통일위원회)에 참가하게 되고, 어머니와 전 가족이 농민해방운동에 뛰어들어 과테말라의 소수 백인과 그 하수인 라디노에 대항해 원주민의 토지 복권을 위해 평생을 바쳤다.

2년 후 농민통일위원회 서기로 일하던 16세의 남동생이 동료의 밀고로 군부에 잡혀가고 16일간의 처참한 고문 끝에 가족들이 보는 앞에서 발가벗겨져 산 채로 화형을 당하는 끔찍한 일을 겪었다. 이듬해인 1980년에는 아버지가 주과테말라 스페인 대사관 점거시위 도중 화재로 사망했다.

리고베르타 가족 전원은 착취와 부당함에 항의하고 이를 바로잡는 농민운동을 하면서 모두 뿔뿔이 흩어져 있었다. 각자가 심한 감시를 받고 있었기 때문이다. 아들과 남편의 희생을 보면서 점점 더 강한 투사가 된 어머니는 산속에서 게릴라전을 펼치는 사람들의 버팀목이 돼줬다. 어머니를 노리는 군부의 감시와 추적이 심해지자 동료들은 어머니의 망명을 권했다. 하지만 꿋꿋하게 자리를 지키던 어머니는 동지들의 먹을 것을 조달하러 시장에 나갔다가 같은 해 4월에 체포됐다.

수차례의 성폭행과 잔혹한 고문 속에 던져진 어머니는 양쪽 귀가 도려지고 온몸이 상처로 곪고 썩어 단시일에 반죽음 상태가 됐다. 군부는 어머니를 미끼로 가족을 모두 잡아들이려고 그녀의 옷을 우스판탄 시청 앞에 내다 걸었다. 하지만 아무도 나타나지 않자 다 죽게 된 어머니를 산속에 내다 버렸다.

아직 목숨이 붙어있는 어머니의 몸에는 구더기가 들끓었고

2015년, 멕시코 국립 자치 대학교 특별 의장 리고베르타의 첫 번째 수업 모습[58]

며칠이 지나 숨이 끊겼다. 그 후에도 군인들은 유해 한 조각도 찾아가지 못하도록 곁을 지켰고, 어머니의 시신은 들개와 독수리의 먹이가 됐다. 4개월 후에 산짐승들이 시체를 몽땅 먹어 치워 뼈 한 조각도 남지 않을 때까지 군인들은 자리를 뜨지 않았다.

아메리카 침략의 날

리고베르타는 과테말라시티의 한 수녀원에 피신했고 그곳에서 스페인어를 익혔다. 그녀는 1981년에 멕시코로 망명하여 사무엘 루이스 가르시아 주교의 도움으로 아버지의 유훈을 받들어 과테말라 원주민의 참담한 실상을 폭로하는 일을 시작했다.

1982년 1월 파리 국제회의에 참석한 리고베르타는 그곳에서 베네수엘라 출신 인류학자 엘리자베스 부르고스(Elizabeth Burgos)를 만났다. 운명의 시간이었다. 엘리자베스는 리고베르타의 이야기에 관심을 가지고 1주일간 그녀의 서투른 스페인어 회고담을 16개의 테이프에 담을 수 있었다. 그렇게 해서 과테말라 마야 원주민의 상상할 수 없는 참혹한 삶이 세상에 알려졌다.

책의 이름은 『나, 리고베르타 멘츄』다. 이 책은 1992년 리고베르타의 노벨평화상 수상의 그루터기가 됐다. 리고베르타는 1991년 유엔 원주민 권리선언 준비 작업에 동참했고, 노벨상 상금으로 '비센테 멘츄 툼' 재단을 만들었다.

1994년에는 조국으로 귀환했고 이듬해인 1995년에 전국 유권자 등록 캠페인을 벌였다. 그녀는 가난하고 소외된 이들을 위한 제약회사를 만들었고, 1999년에는 두 번째 저서 『리고베르타, 마야의 자손』을 집필했다. 그녀의 두 번째 책은 마야 원주민의 문화적 상징에 대한 사회적 승인을 촉구하고 있다.

국제사회는 1992년을 '아메리카 발견 500주년'의 해로 기념하려 했으나 리고베르타는 1989년부터 적극적인 반대 활동을 벌였다. 침략자의 관점에서 아메리카는 '발견'됐을지 몰라도 그 땅의 주민 입장에서는 '정복과 침략'의 시작이었기 때문이다. 결국 리고베르타의 투쟁은 승리했다. 1994년 유엔은 '국제 원주민의 날'을 제정했고 그녀는 친선대사로 활동했다. 그녀는 원주민 정당을 만들었고 비록 3.1%의 득표에 그쳤지만 2007년에는 대통령 후보로도 나섰다. 1983년 카사 데 라스 아메리카스 문학상을 수상했으며, 인디헤나 인권신장에 기여한 공로로 1992년 노벨평화상을 수상했다.

질경이는 양지바른 길가나 들판에서 자라지만, 차와 사람이 빈번하게 다니는 길에서도 살아남는 끈질긴 풀이다. 줄기가 없는 질경이는 타원 모양의 잎이 뿌리에서 곧바로 나와 여러 겹으로 비스듬히 갈라지며 퍼진다. 질경이는 약초다. 봄과 여름에는 어린순을 먹고, 말린 씨는 이뇨와 지사 작용과 간 기능 회복에 효과가 있다. 햇빛을 마음껏 받으며 자라는 이 식물은 어떤 환경에서도 살아남아 사람들에게 도움을 준다.

리고베르타 멘츄 툼이 그랬다. 도저히 생존할 수 없는 처지에서 꿋꿋이 살아낸 마야의 딸은 인류에게 희망을 주었고, 질경이의 꽃말인 경계를 넘는 '발자취'를 남겼다.

1992년, 원주민의 인권을 지켜낸 공로로 노벨 평화상을 수상한 리고베르타[59]

우리들이 일본 제국주의를 타도하지 않고서는
우리 부녀는 봉건제도의 속박,
식민지적 박해로부터 해방되지 못한다

또 일본 제국주의가 타도된다 하더라도
조선의 혁명이 정치·경제·사회 등
각 방면에서의 진정한 자유와 평등이 아니라면
우리 부녀는 철저한 해방은 얻지 못한다

『여성조선의용군 박차정 의사』 중
「민혁당 남경조선부인회 창립선언문」에서

박차정
제국주의와 맞선 복수초

죽어서야 도착한 조국

대한민국에 광복의 함성이 울려 퍼진 해, 젊고 작은 여성의 시신이 중국을 떠나 고향으로 향했다. 그리던 해방을 보지 못하고 1944년에 34세로 눈감은 여성독립군 박차정 장군의 유해다. 그녀는 의열단 단장인 남편 김원봉 장군의 손으로 남편의 고향인 밀양 감천동 뒷산에 묻혔다.

박차정은 얼어버린 굳은 땅을 뚫고 피어난 복수초(福壽草)의 인생을 살았다. 눈 속에 피어나는 노란색 복수초는 꽃부터 피우고는 잎을 내는데, 산길을 가던 사람이 꽃 주변의 눈이 녹은 것이 신기해 손을 대었다가는 맹독에 노출돼 혼쭐이 난다.

박차정(朴次貞, 1910~1944)은 일본 제국주의의 한기에 온 산천이 얼어붙고 몸과 마음마저 굳어버린 어둡고 추웠던 1910년 5월에 경남 동래에서 2녀3남 중 넷째로 태어났다. 아버지 밀양 박씨 박용한은 동래 개양학교와 서울 보성전문학교를 졸업한 개화 인사였다. 그는 순종 때 탁지부 주사로 측량기사 일을 했는데, 망국을 애통해하여 1918년 1월에 유서를 남기고

동래여고 근처에 있는 박차정 의사상

자결한 우국지사다. 박차정이 아홉 살 때의 일이다. 어머니 김맹련은 남편의 순국 후 가족 모두를 동래성결교회에 출석교인으로 등록시키고 신앙으로 마음을 다지며 남은 자녀들을 홀로 키워냈다.

독립운동의 가풍

측량기사였던 아버지가 나라의 패망을 견디지 못하고 순국한 것만 보아도 알 수 있듯이 박차정의 집안에는 독립운동의 가풍이 흐르고 있었다. 어머니가 독립운동가 김두봉과 사촌이었고, 첫째 오빠 문희, 둘째 오빠 문호도 독립운동에 몸 바쳤다.

첫째 오빠 문희는 동래사립고등보통학교에 입학한 후 동맹휴학을 주도했고, 경성신학교를 졸업하고 목회 활동을 하면서 항일사상운동에 매진했다. 이후 니혼대(日本大) 경제과 2학년을 수료하고 신간회 중앙집행위원으로 활동했고, 의열단 단원으로 일하다 체포돼 2년간 감옥생활을 했다. 둘째 오빠 문호 또한 신간회 회원으로 활동하다가 중국으로 건너가 의열단 활동을 했다. 그는 일제에 체포돼 1934년에 후사도 없이 서대문경찰서에서 옥사했다.

이러한 집안 분위기를 따라 자연스럽게 박차정도 독립운동에 참여했다. 박차정은 14세인 1924년에 동래기독교소년회에 가입해 외오촌당숙인 박일형과 함께 활동했다. 1929년에는 부산지역 여성 교육의 산실이며 항일여성운동 선도 구심체인 동래일신여학교 고등과를 졸업했다. 이 학교는 호주 장로교 선교부가 세운 학교였다. 재학 당시 박차정은 교지 〈일신(日新)〉 2집에 자전적 단편소설 「철야」를 게재했는데, 그 내용은 민족의 고난을 상징하면서 해방의 굳은 의지를 다진 것이었다. 시 「개구리 소래」와 수필 「흐르는 세월」등을 통해 또래 친구들에게 민족혼을 일깨우려고도 했다.

　여학교를 졸업하면서 독립운동의 전면에 나서게 된 박차정은 사회주의 단체인 근우회 동래지회 대의원, 중앙집행위원회 중앙상무위원으로 활동하며 여학생들의 시위운동을 지도해 12월에 일어난 만세시위행진을 주도한다. 이 일로 일제에 체포됐다가 풀려난 후, 이듬해인 1930년 1월, 이화·숙명·배화·동덕여고보 등 11개 여학교의 시위를 주동하다가 다시 한번 검거되고 세 번이나 모진 심문을 당했다. 2월에 석방됐지만 고문의 후유증으로 건강이 악화돼 평생 고생하며 지냈다.

할머니로 변장한 소녀

박차정은 첫째 오빠 집에서 휴양하던 중 중국 의열단에서 활동하는 둘째 오빠 박문호의 권유로 1930년 북경으로 건너가 의열단에 합류한다. 이제까지의 독립운동이 주로 국내에서의 학생운동이었다면, 지금부터의 활동은 총 들고 전선을 누비는 강인한 여성 군인으로서의 활약이 펼쳐진다. 얼어붙은 땅에서 힘을 키우던 꽃이 드디어 피어나는 때가 온 것이다.

중국으로 건너가자는 둘째 오빠의 생각은 동생의 마음을 분명히 읽어낸 결과다. 학생 때부터 독립운동에 뛰어든 동생이

박차정과 남편 약산 김원봉의 결혼사진[60]

자신의 건강을 핑계로 이 사명을 그만두지 않으리란 걸 정확히 꿰뚫어 봤다. 아버지의 유훈도 자신의 온몸을 불태워 민족의 살길을 찾으라는 것이었다. 하지만 동생인 차정은 이미 일경들에게 얼굴이 알려져서 조국 땅에서는 자유롭고 활발하게 뜻을 펼칠 수가 없는 실정이었다. 박차정은 변장술에 능해 여학생들을 독려하러 다닐 때 할머니로 변장하고 다녔지만, 그것도 한계가 있었다.

오빠 박문호는 동생이 뜻을 펼 수 있도록 중국으로 불러들였다. 중국으로 건너간 박차정은 1930년 말에 북경 화북대학에서 수학하고 둘째 오빠의 권유로 의열단에 합류했다. 당시 중국에는 항일무장단체로 김구(1876~1949)가 이끄는 한인애국단이 있었고, 김원봉(1898~1958)이 조직한 의열단이 있었다.

박차정은 김원봉의 의열단에서 활동하던 중 단장 김원봉과 결혼한다. 1931년 3월, 박차정이 22세 때의 일이다. 동지이자 남편인 김원봉과 함께하면서 박차정의 항일운동은 더욱 거세어지고 조직화된다. 김원봉은 레닌주의 정치학교를 개교했으며, 1932년에는 북경에서 남경으로 옮겨 조선혁명군사정치간부학교를 운영했다. 이때 박차정은 학교의 교가를 작사했으며, 첫째 오빠 박문희와 함께 학생모집에 힘을 쏟았다.

끝끝내 동토를 녹이다

박차정은 박철애·임철애·임철산이란 가명으로 활동하며 부교관으로서 학생들의 군사훈련에 참여했다. 한편으로는 이청천 장군의 부인 이성실과 함께 민혁당 남경조선부인회를 결성하는데 이때가 1936년 7월이다. 이 부인회는 당원 가족이 중심이 된 부녀자 규합이 목적이었다.

박차정이 지은 부인회 창립선언문에는 조선 여성의 독립은 두 가지 조건에 의해 달성된다고 했다. 첫 번째 조건은 일본 제국주의로부터의 해방이고, 다음 조건은 봉건적 노예제도의 속박을 벗어난 진정한 자유와 평등이다. 학생 때부터 글을 잘 썼던 그녀는 〈조선민족전선〉에 기고문을 비롯한 많은 글을 남기는 등 일본의 침략 전쟁을 규탄했으나, 아쉽게도 우리에게 전해지는 것은 거의 없다. 그러나 이 창립선언문은 남아 있어 총들고 전선을 누볐던 여성장군 박차정의 옹골찬 사상을 엿볼 수 있어 다행이다.

1938년 10월에는 중국 한커우(우한)에서 조선의용대가 창설됐다. 중국군사위원회와 협의하에 만들어진 이 의용대에서 박차정은 22명의 대원을 이끄는 부녀복무단장을 맡았다. 이듬해 10월에 조선의용대는 155명으로 늘어났다. 조선의용대는 중국 항일전쟁에 적극 참가해 커다란 공헌을 했다. 중국군대와 함께 싸워 일제를 타격했고, 수많은 전투에서 많은 일본 침략군을 패배시켰다. 또 일본어에 능한 조선의용대는 중국군대를 위해 일본 자료 번역, 일본 포로 심문, 적의 동정을 수집하는 일 등을 담당해 중국군대의 작전에 큰 도움을 주었다.

여전사로서 문필가로서 활발한 독립운동을 펼치던 박차정은 1939년 2월에 강서성 곤륜산 대일전투에서 중상을 당하고 만다. 본래 고문으로 인해 약해진 몸인 데다가 전투에서 얻은 부상을 제대로 치료하지 못한 채 건강이 나빠져, 5년 후인

박차정 의사 생가. 1996년 박차정의사숭모회가 설립되면서 꾸준히 생가 복원을 위해 노력했다. 부산시와 동래구, 국가보훈처의 지원을 받아 2005년, 본래 형태의 모습에 가깝게 생가를 복원해 건립했다.[61]

1944년 5월에 해방을 1년 앞두고 사망했다. 향년 34세였다. 남편 김원봉은 해방된 조국으로 그녀의 시신을 운구했다.

박차정·김원봉 부부가 사회주의 계열에서 활동했고 남편 김원봉 장군이 월북하는 바람에 부인인 박차정 의사는 대한민국에서 제대로 평가되지 못했다. 뒤늦게 광복 50주년이 되는 1995년에야 건국훈장 독립장이 추서됐다. 이후 부산시 동래고등학교 맞은편에 생가가 복원됐고, 부산 금정구에 동상이 마련돼 있다. 동토를 뚫고 올라와 눈을 녹인 복수초의 불타는 생명력을 지닌 박차정 의사는 그렇게 우리 곁에 머물러 있다.

내가 아니라
내가 인생에서 말한 진실이
내가 아니라
내가 인생에서 뿌린 씨앗이
후세에 전해지게 하소서

나에 관한 모든 것이 잊혀질지라도
내가 말한 진실
내가 행한 실천만이 남겨지게 하소서

『로제타의 일기』 1권 중
호라티우스 보나르의 글

로제타 셔우드 홀
조선과 하나가 된 접목

자기 피부를 떼어내어

1890년 초겨울, 화상을 입은 지 4년 되어 손가락과 손바닥이 붙어버린 소녀가 젊은 서양 의사를 찾아왔다. 여의사는 3시간여의 수술을 통해 소녀의 손가락을 분리했다. 그런데 한 달이 지나자 손가락의 피부가 다 떨어져 나가 버렸다. 의사는 두려워하는 소녀를 위해 서슴없이 자신의 팔에서 피부를 몇 군데 떼어내어 이식해 주었다. 한양 땅 보구여관에서 있었던 일이다. 서양인 여의사의 헌신은 곧바로 소문이 났다. 나중에는 이화학당 학생들, 다른 선교사들까지 나서서 소녀에게 피부를 기증했다. 그렇게 소녀의 손은 접붙이기의 과정을 거쳐 되살아났다. 이 25세의 여의사는 바로 선교사 로제타 셔우드 홀(Rosetta Sherwood Hall, 1865~1951)이었다. 화상으로 뭉개진 피부가 다른 피부를 만나 하나가 되는 데는 시간과 인내가 필요하다. 접수(穗, 접을 붙일 때 바탕이 되는 나무에 다른 나뭇가지를 꽂음. 또는 그 나뭇가지)가 대목(臺木, 접을 붙일 때 그 바탕이 되는 나무)과 하나가 되듯, 이식된 피부도 상처가 아무는 아픔의 시간이 있다. 로제타 셔우드 홀! 그녀는 대목인 조선에 자신을 접

로제타 셔우드 홀.
그와 그의 남편, 자녀들까지 서울 양화진에 묻혀 있다.

수로 삼았다. 접붙이기는 한 개체(접수)의 지상부와 다른 개체(대목)의 지하부를 연결해 하나로 만드는 것이다. 접붙이기는 상처 치유 과정이기도 하다. 절단된 줄기 또는 가지의 단면이 만나 접합 부위가 붙고 물관과 체관이 연결돼 제 기능을 하는 과정이 필요하다.

남편과 딸을 잃고

그녀는 자신의 시간과 재능과 열정과 사랑을 온전히 조선여성들에게 쏟아 부었다. 로제타는 조선에 여성의사가 절실하다는 소식을 듣고 의료선교사로 자원했다. 뉴욕의 병원에서 선교를 준비하던 중 윌리엄 제임스 홀(William James Hall, 1860~1894)을 만나 함께 사역하기로 했다. 로제타가 먼저, 중국에서 조선으로 선교지를 바꾼 윌리엄이 이듬해 도착했고, 둘은 이역만리 낯선 한양에서 결혼했다. 하지만 한양과 평양을 오가는 의료선교 활동 중에 남편 윌리엄이 열병을 얻어 일찍 세상을 떴다.

윌리엄은 청일전쟁이 끝난 후 썩어가는 중국인 군사들의 시체로 오염된 평양에서 부상병들을 돌보다가, 발진티프스에 걸려 끝내 회복되지 못하고 하늘나라로 간 것이다. 사랑하는 사람 로제타가 활동하던 조선에 부임해 함께하기를 그토록 애타게 바랐건만, 윌리엄은 부임 4년 만에 아들 셔우드와 부인 로제타를 남겨두고 세상을 떠났다. 그는 평양선교의 개척자, 고아들의 친구로 남았다.

남편을 잃은 충격을 뒤로하고 로제타는 윌리엄 홀을 기리는 기홀병원(記忽病院, The Hall Memorial Hospital)을 평양에 세웠다. 1897년의 일이다. 남편을 떠나보낸 28세의 로제타가 딸의 출산을 위해 잠시 고국인 미국에 있을 때, 남편의 죽음을 기려 조선 땅에 의료기관을 설립하고자 모금운동을 한 값진 결과물이다. 그녀는 딸 이디스를 낳고 3년 후에 조선에 들어왔는데, 긴 항해 길에 쇠약해진 어린 딸 이디스마저 평양에서 이질로 죽음을 맞았다.

눈을 크게 뜨고 엄마를 바라본 채 작은 영혼은 서서히 엄마를 떠나갔다. 아빠인 윌리엄의 곁으로 돌아가고 만 것이다. 남편과 딸을 양화진에 묻은 로제타는 깊은 슬픔을 더 큰 선교사역으로 극복하고자 했다. 로제타의 아픔은 그저 슬픔으로 끝나지 않았다.

평양의 오마니가 된 미국인

 슬픔은 곧바로 사랑의 헌신으로 승화됐다. 남편의 죽음은 기홀병원을 남겼고, 이디스의 죽음은 어린이를 위한 병원으로 거듭났다. 1898년 평양, 기홀병원과 광혜여원 옆에 이디스의 유물인 용돈지갑이 종자돈이 되어 어린이 병동이 세워졌다(훗날 기홀병원과 광혜여원은 평양연합기독병원으로 합쳐졌고, 이후 김일성종합대학 부속병원을 거쳐 평양의학대학병원으로 이어졌다). 이디스 마가렛 어린이 병동으로 이름 붙여졌다.

로제타가 키워낸 박에스더 부부와 함께[62]

로제타의 사역은 아픈 아이들을 치료하는 게 전부가 아니었다. 뉴욕에 머무는 동안 배운 점자로 한글 점자를 만들어 맹인 소녀들을 가르쳤다. 농아들을 위한 활동도 빠르지 않았다. 평양맹학교가 1900년에, 평양농학교가 1910년에 세워졌다.

조선의 약자인 여성과 어린이, 장애인을 향한 그녀의 사랑과 헌신은 '평양의 오마니'라는 명칭으로 자리 매겨졌다. 그것으로 만족할 수 없었다. 조선 여성들을 의사로 길러내는 것이 진정 조선을 위하는 일이라는 것을 잘 알았기 때문이다. 이미 한국 최초의 여성의사 박에스더(김점동, 1877~1910)를 미국에서 공부시켜 길러내기도 했지만, 조선 땅에는 여성을 위한 의학교육이 더 시급하던 때였다.

여러 기관에 협조를 구했지만 그녀의 꿈은 벽에 부딪쳤다. 1928년, 로제타는 결국 자신의 힘으로 경성여자의학강습소를 열고 6년 후 5명의 첫 번째 졸업생을 배출했다. 이들 모두는 의사면허시험에 합격하는 기쁨을 안겨 주었다. 이 학교는 1948년 서울여자의과대학이 됐다가 이후 1957년 수도의과대학, 1966년 우석대학으로 개편됐지만, 운영난으로 1971년 고려대에 인수된, 고려대 의과대학의 전신이다.

가지에서 줄기로 이어진 사랑

그녀는 어느새 접수에서 대목으로 바뀌었다. 자신이 대목이 되어 조선 땅에 학교와 병원과 중심 줄기가 될 인재들을 키워 나갔다. 하지만 로제타가 애지중지 공부시켜 조선 최초의 여의사로 키운 박에스더는 1910년 4월 13일에 폐결핵으로 34세의 나이에 세상을 뜨고 말았다. 박에스더는 로제타가 조선 땅에서 키운 또 하나의 대목감이었다. 박에스더의 죽음은 로제타의 아들 셔우드(1893~1991)에게 더 큰 충격이었다. 셔우드는 어릴 때부터 에스더를 이모처럼 따랐기 때문이다.

에스더의 죽음은 로제타의 아들 셔우드 홀을 의사로 만들었고, 조선에 결핵환자를 위한 크리스마스 씰을 도입하게 했다. 셔우드는 어머니인 로제타처럼 조선을 매우 사랑했고, 미국에서 공부하는 동안 문화적응이 안될 정도로 뼈 속 깊이 조선의 아들이었다. 그는 미국에서 만난 아내 메리안과 함께 의료선교사가 되어 조선에 돌아와 1928년 해주에 결핵환자 위생학교를 열었다. 1932년부터 셔우드가 만든 크리스마스 씰에는 조선의 놀이 풍속과 태극문양이 선명하게 드러나 있다. 그런 이유로 셔우드는 일제의 감시와 협박을 당했고 결국 1940년에 일제에 의해 강제추방 당했다.

로제타는 조선에서의 43년 사역과 봉사의 삶을 접고 1933년에 고국인 미국으로 돌아갔고 1951년 85세의 일기로 소천했다. 그녀는 화장되어 양화진에 묻힌 남편 윌리엄 곁으로 돌아왔다. 아들 셔우드 또한 은퇴 후 캐나다에서 세상을 떠났는데, 아버지와 어머니가 묻힌 한국 땅에 함께 있겠다는 생전의

로제타가 머물던 보구여관(위쪽). 그녀의 노력으로 평양에
세워진 근대식 병원 기홀병원과 광혜여원(아래 맨 오른쪽).[63]

뜻에 따라 부인과 함께 양화진으로 돌아왔다. 양화진에는 로제타의 가족 5명이 함께 잠들어있다. 그들은 자신들의 뿌리가 있는 이 땅, 한국으로 모두 돌아왔다.

접붙이기는 수목이 비슷한 종일 경우 안정적이다. 피부색과 문화가 전혀 다른 로제타 셔우드 홀은 이질적인 땅에 와서 접수와 대목을 오가며 아픔과 희생을 마다하지 않았다. 그렇게 많은 열매를 맺은 그녀의 가족이 우리 땅에 안겨 있다.

나는 처음에 잘못 읽은 줄 알았다
하지만 눈을 감았다 떴을 때
똑똑히 보았다

'다음 처형할 사람은 시린 에바디'
바로 나였다

『히잡을 벗고 나는 평화를 선택했다』 중에서

시린 에바디
처형자 명단에 오른 클로버

하루아침에 박탈당한 판사직

T. S. 엘리엇의 시 「황무지」에는 이런 구절이 있다. "사월은 가장 잔인한 달, 죽은 땅에서 라일락을 키워 내고, 추억과 욕정을 뒤섞고, 잠든 뿌리를 봄비로 깨운다." 시린 에바디(Shirin Ebadi, 1947~)의 일생을 보면 엘리엇의 이 시가 떠오른다. 시린 에바디는 이란 최초의 여성 판사이며, 노벨평화상을 받은 무슬림계 최초의 인물이다. 1947년 6월 21일, 이란 하마단에서 상거래법 교수인 아버지와 아름답고 헌신적인 어머니의 3

녀1남 가운데 둘째딸로 태어났다. 이란의 다른 가정과는 달리 딸·아들의 차별이 전혀 없이 자란 그녀는 테헤란대학교 법과대학을 거쳐 23세에 판사가 된다. 하지만 그녀의 어린 시절부터 이란의 정치상황은 무참하게 치닫고 있었다. 1951년 국민의 지지 속에 총리에 선출된 국민 영웅 모하마드 모사데그가 쿠데타로 축출되면서 이란의 사회정치 상황은 황무지로 변해갔다.

이 쿠데타로 모하마드 레자 샤 팔레비 국왕이 정권을 장악해 사리사욕에 따라 정치를 했는데, 결국 이 정권은 1979년 1월에 국민의 저항으로 종식되었고, 그 해 4월 호메이니의 이

2014년, 예일대 로스쿨에서
'이슬람 세계에서의 인권'을 주제로 강연하고 있는 시린 에바디[65]

란이슬람공화국이 시작된다.

혁명은 많은 것을 바꾸었다. 호메이니 정권은 여성들의 머리에 베일을 씌웠고, 에바디는 여성이라는 이유로 1980년에 판사직을 박탈당했다. 혁명에 적극적으로 가담했던 에바디는 배신감을 느꼈지만 법무부 조사국의 보조직으로 버텼다. 이란의 형법 조항 중 여성의 생명이 지니는 가치는 남성의 절반이고, 법정에서의 여성 증언 역시 남성 증언의 효력의 절반이었다. 여성이 이혼하려면 반드시 남성의 허락을 얻어야 한다는 조항은 테헤란대학교 법학 교수들의 분노를 불렀다. 하지만 형법에 반대하는 자는 이슬람에 반대하는 자로 누구든 엄벌에 처해졌다.

터무니없는 사건들을 변호하다

이란을 비극의 땅으로 몰아넣은 큰 사건이 다시금 밀려왔다. 1980년 9월 이라크 사담 후세인의 이란 침공이었다. 혁명 이후 사람들은 이란을 버리고 떠나가기 시작했다. 약 20년 동안 400~500만여 명의 이란인들이 조국을 등졌다. 에바디의 친구들도 거의 다 떠나 버렸다.

하지만 그녀는 남편과 두 딸과 함께 조국을 지켰다. 테헤란에 공습이 있을 때도 잠시 피난을 갔을 뿐, 모국을 떠나지 않았다. 1988년 7월, 페르시아만의 미국 함대가 이란 민간 항공기를 폭파시킨 사건이 발생하면서 결국 이란 정부는 유엔 안전보장이사회의 정전 결의를 수용하게 된다. 8년여의 시간 동안 50만 명이 목숨을 잃고 250만 명의 난민이 발생한 전쟁이 종식됐다.

1989년 6월 호메이니가 죽자 새로운 지도부는 사회적 제재를 강화하는 데 힘을 쏟았다. 풍속 단속 경찰인 '코미테'는 전 국민을 괴롭혔는데, 일단 자신들의 눈에 걸리면 어떤 죄목을 꾸며서라도 가만두지 않았다. 이란인들은 가까운 사람들이 코미테에 의해 공개적으로 체포되고 채찍질당하며 모욕을 겪었음을 기억한다. 여성에 대한 잔인한 법률로 무자비하게 상처받은 여성들의 자살이 늘어났다. 터무니없는 사건들이 이어졌다.

1996년 여름, 생계를 위해 야생식물을 채집하던 11살 소녀 레일라가 3명의 남자에게 난폭하게 성폭행당하고 머리를 맞아 낭떠러지에 굴려져 피살된 사건이 일어났다. 범인들에게 사형이 구형됐으나, 희생된 레일라의 가족들은 이들의 처형에 대한 보상금으로 수천 달러를 지불해야 했다. 가난한 가족은 결국 신장을 팔고자 했다. 이것을 이상하게 여긴 의사에 의해 판결의 전모가 세상에 드러났다. 가난한 이들을 위해 무료변론을 하고 있던 에바디는 이 사건의 전모를 잡지에 투고했고 잡지는 매진됐다. 시린 에바디의 이름이 세상에 알려지기 시작한 계기였다.

다음해인 1997년에는 부모의 이혼 후 아버지에게 맡겨진 소녀의 죽음이 있었다. 마약 전과가 있는 아버지가 딸의 온 몸을 담뱃불로 지져 처참하게 살해한 사건이다. 에바디는 불쌍한 소녀 아리안의 죽음을 애도하는 집회를 열었고, 많은 사람이 여성을 차별하는 법 개정을 요구하며 꽃잎을 뿌렸다. 거리는 온통 흰색 꽃잎으로 덮였고 신문은 이 집회를 보도했다. 에바디가 변호한 이 재판의 승리는 전 세계의 이목을 끌었고 이

테헤란대를 졸업하던 무렵의 시린 에바디[66]

란 여성 인권에 대한 국제적 관심을 불러 일으켰다.

혁명 이후 이란의 정보부는 작가와 지식인을 암살해왔다. 암살방법으로 교통사고, 조작된 강도극, 칼륨주사 주입 등 별별 수단이 동원됐다. 1997년 5월, 국민선거가를 통해 모하메드 하마티가 압도적인 지지로 집권한다. 사람들은 잠시 이란의 봄을 기대했으나 2년 후인 1999년에 언론탄압이 시작되고 대학생들의 항의 시위가 시작된다. 5일 간에 걸친 이 시위는 1명의 사망자와 수천 명의 부상자를 낳았다. 하마티 대통령은 시위대를 비난하고 경고를 날려 국민을 실망시켰다. 신문 폐간에 반대하는 시위를 했다가 기숙사에서 무참히 살해된 대학생 에자트의 변호를 맡게 된 에바디는 이로 인해 구금돼 심문을 받고 재판에 넘겨진다.

바람처럼 희망을 퍼뜨린 클로버

그녀의 감금은 세계 각지 사람들의 관심과 응원을 불렀다. 지난 정부에 의한 지식인 암살사건의 변호를 맡았던 2000년에, 그녀는 자신의 이름이 정부의 처형자 명단에 올랐음을 알게 된다. 하지만 그녀 자신의 표현대로 그녀는 '신의 가호로' 살아남았고 이란의 희망이 됐다. 2003년 9월, 에바디는 파리에서 열린 '도시, 테헤란'이란 세미나에 참석했는데 귀국하는 길에 노벨평화상수상자 통보를 받았다. 테헤란 공항에 내렸을 때 수십만 인파가 그녀를 환영했다. 차도르와 베일을 쓴 여성들이 주를 이뤘다.

테헤란 공항에 많은 사람들이 나온 것은 아야톨라 호메이니가 파리에서 귀국한 이래로 처음 있는 일이었다. 현명한 그녀는 곧바로 "신은 위대하다!"를 외쳤다. 시린 에바디는 어릴 때부터 독실한 이슬람교 신자였다. 그녀는 여성을 억압하기 위해 정권이 자행한 코란의 왜곡에 저항했지만 자신의 종교적 토양인 이슬람교를 거부하거나 욕하지 않았다.

여성과 약자 차별을 바로잡을 때도 코란에 근거해 싸웠다. 자신의 토양을 인정하고 그에 근거해 활동하는 현명함을 지녔다. 이란이 전화에 휩싸이고 독재와 탄압이 극에 달했을 때도 그녀는 다른 지식인들처럼 조국을 떠나지 않고 버텼다. 불합리한 독재정권이 자신의 직업과 생명과 안위를 위협해도 묵묵히 자신의 자리를 지키며 여성과 약자를 도왔다.

조국의 옥토화를 꿈꾼 그녀의 마음과 몸은 잠시도 이란이라는 땅을 떠나지 않았다. 이란이라는 토양은 지속적으로 황폐해졌다. 이란을 황폐하게 만든 독재정권은 국민을 작물로 다루고 철저하게 제한생육 시키고자 했다. 그에 방해되는 저항

인사들을 잡초로 취급했다. 그러나 잡초의 생명력은 강하다. 잡초는 어떤 환경을 막론하고 망가진 표토를 재생해 자신의 삶의 터전을 재건한다.

시린 에바디는 꿋꿋하게 자라는 한 포기의 클로버였다. 여리고 예쁘지만 잡초로 분류되는 클로버는 땅 위로 내민 연약한 줄기와는 다르게 땅 속 깊이 뿌리를 내리는 강인함이 있다. 이 깊이 내린 뿌리는 표층토를 비옥하게 해 준다. 손으로 한 줌 흙을 퍼서 실 같은 섬유조직을 볼 수 있으면 그것은 주변에 그것을 매개하는 잡초가 산다는 걸 뜻한다.

클로버, 시린 에바디는 땅 속의 수분과 양분을 퍼올려 표층토에 섬유조직을 만들어 땅 속 깊이 내려가지 못하는 약한 뿌

2011년, 런던에서 영국의 알리스테어 버트 외무장관을 만난 에바디[67]

리를 가진 작물들이 살아갈 수 있게 도왔다. 그녀의 노력으로 이란이라는 토양은 점차 되살아났다. 시린 에바디의 끈질긴 생명력은 황무지 이란에 수많은 클로버를 키워 냈고, 지금도 키워내고 있다. 우리는 그녀의 용기에 힘입어 이란이 옥토로 일구어지는 것을 보고 있다. 그녀는 2009년 한국에 와서 다음과 같은 연설을 했다.

"베푸는 사람이 됩시다, 하늘과 같이! 우애를 퍼뜨립시다, 바람처럼! 무지와 편견에 화내고 열렬합시다, 불과 같이! 사랑의 씨앗을 마음속에 자라게 합시다, 땅과 같이! 서로 친절합시다."[64]

황무지 이란에 생기를 불어넣은 시린 에바디는 클로버의 꽃말처럼 우리 마음 밭에도 행운과 평화를 약속한다.

배고픈 날, 배부른 날을 살아온
고양이를 바라보며
비 오는 날, 바람 부는 날을 살아온
내 뜨락의 나무들을 바라보며

그것들이 어디에서 온 생명인가를 생각할 때
나는 경이로움에 잠겨 말을 잃는다

박경리, 『꿈꾸는 자가 창조한다』 중에서

박경리
해마다 발아하는 씨앗

통영의 외로운 소녀

아름다운 도시 경남 통영은 아버지 없이 자란 소녀에게 자연의 위대함을 가르쳤다. 어머니의 꾸중을 듣고 해변에 나가 도도한 파도를 바라보다 문득 두려움에 집으로 뛰어 들어오면서, 소녀는 신(神)이 이 무서운 세상에서 자신을 구원해 줄 거라고 생각하며 안도했다. 어려서 결혼한 아내를 버리고 다른 여인과 재혼한 아버지와, 남편 없이 아이를 키우며 현실감각으로 살아야 했던 어머니를 둔 소녀! 하지만 소녀는 수평선을 타고 올라 작은 날개로 하늘을 훨훨 날고 싶은 작고 예쁜 새였다. 학교 성적은 그저 그랬지만 역사와 문학을 좋아했고, 책이라면 중독됐고 밤마다 시(詩)를 일기처럼 썼다.

이 소녀는 한국문학사에 불멸의 존재로 남았다. 바로 작가 박경리(朴景利, 1926~2008. 본명은 박금이.)이다. 통영은 충무(忠武)라는 이름도 가졌듯이 임진왜란 때 이순신 장군의 향기가 배어 있는 곳이다. 8월이면 한산대첩 축제가 열린다. 하지만 일본과 가까이 있었기에 일본 제국주의의 수탈을 많이 당한 곳이기도 하다. 1926년 일제 치하에서 태어나고 자란 박경리는

생전의 작가 박경리[68]

평생 일본을 용인하지 않았고, 21살까지의 경험과 기억으로 일본문화의 성격을 예리하게 분석했다. 정신대를 피해 이른 나이인 21살에 결혼해 딸과 아들을 뒀지만 5년 만에 남편을 한국전쟁으로 잃고 얼마 안 되어 다시 아들을 잃는다.

기품 있는 아름다움과 높은 자존감을 지닌 그녀에게 '과부', 세상의 이방인으로 살아야 하는 힘든 문이 열린 것이다. "버리고 갈 것만 남아서 참 홀가분하다"는 마지막 행으로 유명한 시 「옛날의 그 집」에는 "대문 밖에서는 늘 짐승들이 으르렁거렸다. 늑대도 있었고 여우도 있었고 까치 독사 하이에나도 있었지"라는 구절이 있다. 젊은 날 홀로 되어 감내해야 했던 야속했던 작가의 인생이 보인다.

『토지』와 대지 사이에서

소설가 김동리의 추천으로 1955년 단편 「계산」, 1956년 단편 「흑흑백백」을 〈현대문학〉에 발표하면서 박경리는 작가의 삶을 시작한다. 50년 작가 인생의 대표작은 세계적으로 인정받는 『토지』다. 경상남도 하동군 평사리 만석꾼 최참판 댁이 몰락하면서 펼쳐지는 이 이야기는 5부 20권의 방대한 대하소설로, 등장인물도 700여명에 달한다. 1969년부터 1994

년까지 4반세기, 무려 25년이 걸렸다. 월간지 〈현대문학〉 연재로 시작된 이 글쓰기는 작가가 유방암 수술을 받은 직후에도 강행됐다. 소설이 격찬을 받으면서 사람들은 그녀를 만나기 원했으나 박경리는 문을 닫아걸고 전화도 끊은 채 누구와도 접촉하지 않고 『토지』에 파묻혔다.

작가가 지녀야 하는 자유, 그것을 가능하게 해줄 고독, 두 가지 다 무겁고 시린 일이지만 박경리는 『토지』라는 위대한 작품을 완성하기 위해 기꺼이 고독과 자유를 감당했다. 그 무엇에도 흔들리지 않고 그 누구에게도 휘둘리지 않았다. 사람들을 떠난 그녀의 곁을 지킨 건 나무와 풀들, 잔디, 농작물, 들고양이와 개와 새들, 올챙이와 개구리, 강가에서 가져온 조약돌이었다. 그녀의 마음은 역사 속 인물들과 살았고 현실의 그녀는 자연과 생태 속에 있었다. 토지를 집필하는 내내 작가는 타임머신을 타고 20세기 초반에 머물러야 했다.

글을 쓰고 고양이와 개들의 밥을 지어주고 나무를 해치는 벌레를 잡고 고추농사를 짓고 마당에 돌을 깔고 광목을 끊어다가 옷을 짓고 종이를 염색해서 벽에 바르고 다시 글을 쓰고 … 그녀는 그렇게 살았다. 작가로서의 그녀는 일제 강점기 평사리 사람들과 함께 했지만, 사람으로서의 그녀는 별별 생명들과 온전히 교감했다. 어미 잃은 꾀꼬리 한 마리, 올챙이 한 마리에 연민을 느끼며 가슴을 쓸어내리는 그녀 자신 또한 하나의 생명체였다. 박경리는 스스로 '씨앗'을 닮으려는 사람이라고 정의했다. 자신의 개성을 간직하고 그것을 피워내야 하는 씨앗. 그 씨앗의 신비는 하느님의 신비라고 했다.

단단하고 야무진 씨앗

 씨앗이라니, 얼마나 처절한 말인가! 씨앗의 무게는 얼마나 힘든가! 단 한 번의 발아는 실수를 용납하지 않는다. 때를 잘못 알면 죽음뿐이다. 땅 밖 세상이 어떤지 민감하게 살펴야 한

박경리기념관에 세워진 작가의 동상[69]

다. 햇빛이 얼마나 많은지, 땅은 얼마나 녹았는지, 기온은 어떤지, 벌레들이 얼마나 활동하는지… 조심스레 정보를 모아 용감하게 땅 위로 나와도 갑자기 추워지면 얼어죽게 되고, 힘을 다해 꽃을 피워도 중매해 줄 곤충이 없어지면 허사다. 박경리는 민감하고 지혜롭고 부지런한 씨앗으로 살았다.

물론 그녀 인생에는 수많은 적들이 몰려들었다. 식민지라는 환경, 동족간의 전쟁, 이념의 갈등, 독재의 시간들, 편견의 시선들… 그 혹독함 속에서 그녀는 씨앗을 틔우고 꽃을 피우고 가지를 내고 열매를 맺었다. 둥치를 베이고 가지를 잘리고 열매가 부서져도 튼실한 씨앗답게 치열하게 생명을 내었다. 진짜 농부의 모습으로 토지(소유)가 아닌 대지(흙)와 살면서 그녀는 자신의 얼굴을 대면했으리라.

전라남도 금산 보석사에는 천년 된 은행나무가 있다. 신라 때 심은 이 나무는 그저 커다란 몸통과 많은 가지로 땅이나 차지하고 있는 고목이 아니다. 매년 많은 자식을 생산하는 엄마나무다. 몇 년 전 나무를 찾았을 때도 동네 사람들이 나무 아래 모여 올해도 어김없이 많은 열매를 맺었다고 칭찬과 자랑을 하고 있었다. 대학수학능력시험이 끝난 지 얼마 되지 않아서 나무는 사람들의 절절한 소원과 바람을 둥치에 두르고 있었다. 알록달록 작은 쪽지에 써넣은 작은 소망들이 천년 된 엄마 나무를 감싸고 있었다.

 나무에 다가가 커다란 상처 안에 가만히 손을 대어 보았다. 웅~ 하는 울림이 전해 왔다. 나무의 숨결이 느껴져 눈물이 핑 돌았다. 금산 보석사 은행나무는 긴 세월을 거치면서 마을과 나라에 큰 일이 생기면 거대한 울음으로 알려 주었다고 한다. 지금은 높이와 둘레가 아주 커진 나무지만 작은 한 개의 씨앗에서 시작됐으리라.

생명은 생명으로 말한다

 박경리 작가가 어떤 의미로 자신을 '씨앗'이라고 했는지 자세한 것은 알 수 없다. 하지만 그녀라는 씨앗은 이미 보석사 은행나무처럼 우뚝하게 자라버렸다. 우리 한국인의 가슴에는 애국심과 아름다운 한(恨)을, 모든 이의 마음에는 생명의 간절한 능동성을 씨앗으로 남겨 주었다. 해마다 열리는 씨앗처럼 지금도 박경리 작가를 그리는 사람들의 활동이 이어진다. 박경리 문학 읽기 대회, 소설『토지』필사하기, 박경리 문학상 시상, 토지문학관에 깃든 작가들의 글쓰기!

 생명은 생명으로 말하고 씨앗은 씨앗으로 열린다. 박경리라는 인물의 가슴에 손을 얹으려고 할수록 그녀는 내게서 도망쳤다. 하지만 나는 느낀다, 그녀의 고결한 한(恨)을. 한국인을 넘어서 모든 지구인과 생명 있는 존재들을 연민하고 염려하는 그녀의 마음을 짚으며 오열한다.

1958년 잡지 현대에 실린 박경리의 신인문학상 기사. 그는 이로부터 50년을 더 글을 쓰고 살다가 2008년에 타계했다. (왼쪽). 소설가로 등단해 활동하던 39세의 젊은 박경리 (오른쪽).[70]

백발을 가지런히 뒤로 묶은
얌전한 할머니가 단상에 섰다
청중들은 모두들 긴장했다

그녀는 잠시 숨을 고르더니
'우우~ 우우~' 하는 동물 소리를 냈다
의아해하는 청중들에게 그녀가 말했다

"제가 침팬지들에게 인사하는 말이에요
　'나, 제인이야!' 하고요"

제인 구달, 강연 영상 중에서

제인 구달
무념무상한 나무

인간을 다시 정의하다

제인 구달 박사(Dame Jane Morris Goodall, 1934~), 그녀는 살아있는 신화이자 화석이다. 동굴 벽화 속 고대 원시인들처럼 그녀는 침팬지의 말을 할 줄 안다. 침팬지뿐 만이 아니다. 그녀가 공개하지 않았을 뿐, 여러 종의 동물들과 대화를 나눌 수 있을 것이다.

인류학자이자 고생물학자인 루이스 리키(Louis Leakey, 1903~1972) 박사는 탄자니아 곰비 침팬지 보호구역에서 제인

이 발견한 결과를 듣고 무릎을 쳤다. "도구를 다시 정의하거나 '인간'을 다시 정의하지 않는다면 우리는 이제 침팬지를 인간으로 받아들여야 하겠군!" 제인 구달은 현재 제인구달연구소 소장이며 '세계비폭력운동 간디·킹 비폭력상'(유엔, 2001) 등 수많은 상을 받았고 '뿌리와 새싹(roots & shoots)' 운동을 펼치며 전 세계를 누비고 있다.

그녀가 애초에 이런 자신의 유명해진 모습을 상상했던 것은 아니었다. 1934년 영국, 카레이서 아버지와 비서 출신 어머니 사이에서 2녀 중 맏딸로 태어난 제인은 모험가적 아버지의 기질과 긍정적이고 밝은 어머니의 성품을 빼어 닮았다. 자연 속 농장인 외가에서 어린 시절을 지낸 제인은 달팽이, 지렁이, 닭 등을 친구삼아 놀았고 타잔 이야기를 읽으며 아프리카의 자연을 꿈꾸었다. 그게 전부였다.

루이스 리키와의 만남

동물을 사랑하고 교감했던 소녀는 어느샌가 탄자니아의 곰비 지역으로 옮겨지게 됐다. 그것은 그녀의 운명이었다. 부모가 이혼하고 어머니와 외가에 남겨진 그녀는 외할머니, 유모, 이모들, 이렇게 여성들의 틈바구니에서 자랐다. 가난했지만 집안은 늘 활기 있고 즐거웠다. 남성이 없었던지라 '여자라서 안 되는' 일은 하나도 없었다.

고등학교를 졸업한 제인은 한 가지만 생각하고 지냈다. 타잔처럼 '아프리카에서 동물들과 함께 생활하는 것'이었다. 모두들 그녀를 비웃었지만 단 한 사람 그녀의 어머니는 이렇게 말했다. "제인, 네가 원하는 것을 이루려면 그만큼 노력해야 한단다." 이런 저런 일을 하며 지내던 중, 아프리카로 이사한 친구에게서 놀러오라고 연락이 왔다. 제인은 케냐로 갈 여비를 마련하기 위해 식당에서 웨이트리스로 고되게 일했다.

케냐에 도착한 그녀는 인류학자 루이스 리키를 만나게 되고 그의 조수로 일하면서 본격적인 동물연구자의 길로 들어선다.

탄자니아 곰베 침팬지 보호구역에서의 침팬지 프로이트와 제인 구달

루이스 리키는 현대인과, 현존하는 생물 중 가장 가까운 친척인 유인원이 공유하는 기본적인 행동패턴이, 둘의 공통의 조상에서도 나타났을 것이라는 추론을 했다. 그는 영장류 연구를 기획하고 탄자니아 곰비 침팬지 보호구역에 보낼 사람을 찾고 있었다. 그는 제인이 동물을 사랑하고 열정적이며 인내심이 강한 사람임을 알아보았고, 전문 지식이 전혀 없는 것을 오히려 장점으로 인정해 주었다.

하얀 유인원

1960년 7월, 제인은 이제까지 누구도 성공하지 못한 미지의 길로 접어들었다. 침팬지는 인간과 가장 닮은 영장류이지만 덩치와 힘은 인간과 비교가 안 된다. 26세의 연약한 여성이 단신으로 밀림에 들어가 그들을 관찰한다는 것은 매우 위험한 일이었다. 초반에는 어머니가 연구에 동행해 함께 지냈다.

제인은 4세 때 암탉이 알을 낳는 것을 보려고 네 시간 동안 닭장 안에 잠복했던 적이 있었다. 아이를 찾지 못한 가족이 실종신고를 내고 사방을 뒤졌지만, 얼마 뒤에 마주한 것은 활짝 웃으며 닭장에서 의기양양하게 걸어 나오는 꼬마였다.

그 때도 제인의 어머니는 아이를 꾸짖지 않았고 즐겁게 재잘대는 딸의 이야기를 모두 들어주었다. 어머니의 무한 신뢰와 성원, 그리고 4시간의 닭장 체험은 이후 제인의 연구에 거름이 됐다. 그녀는 4세의 꼬마 시절처럼 침팬지들을 궁금해했고 그들과 친해지려고 노력했다. 땅을 기고 벌레를 먹고 늘 소박한 같은 옷을 입으며 자신도 '유인원'임을 알렸다. 조금씩 조금씩 동경하는 대상에게 다가가는 방식으로 그녀는 하루하루를 채웠다.

침팬지들이 그녀를 '하얀 유인원'으로 대하기까지 조바심을 내지 않았다. 야생 속 독사와 표범과 악어의 위협에도 눈 하나 깜짝하지 않았다. 잊을 만하면 몰려드는 말라리아와의 사투도 그녀를 막을 수 없었다. 새벽부터 밤중까지 먹는 것도 자는 것도 잊을 정도로 그녀는 침팬지들을 사랑했다. 관찰과 기록이 거듭되면서 이제까지 상상도 하지 못한 일들이 밝혀졌다.

침팬지들이 나뭇가지로 도구를 만들어 개미굴에 넣어 흰개미를 사냥하고 혼자서 또는 여럿이서 동물을 사냥해 먹는 것을 알게 됐다. 침팬지들이 마음을 열고 제인과 친해지는 데는 무려 5년이나 걸렸다. 그녀는 그들에게 이름을 지어주고 하나하나 인격으로 대했다. 제인 구달은 종의 경계를 넘은 인물이다. 그 일은 자연스럽게 이뤄졌다. 마치 어린 나무가 조금씩 성장하면서 이웃집 담장을 넘는 것처럼 말이다.

단순함이 쌓여 생긴 우주

식물들은 자라면서 목적성을 가지지 않는다. '나는 꼭 저 담장을 넘을 거야'라든가 '나는 이번에 열매를 30개 이상 맺을 거야'라는 생각을 하지 않는다. 그저 조금씩 자연스럽게 뿌리를 아래로 내리고 새싹을 위로 키운다. 그것이 식물의 본성이다. 식물은 단순하다. 제인 구달 또한 그랬다. 그녀는 단순하고 소박했다. 어려서부터 한 가지 생각밖엔 없었다.

'아프리카에 가서 동물과 함께 사는 것!' 그것을 위해 뿌리

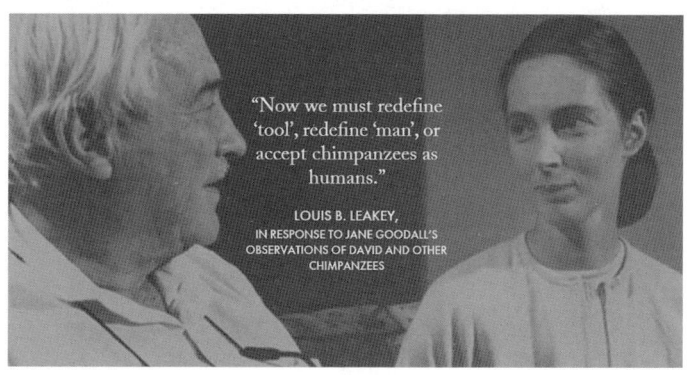

인류학자 루이스 리키와 대담하는 제인 구달.
인간과 도구를 재정의해야 한다고 역설한다.[71]

를 땅(현실)에 내려 양분(여비와 여건)을 모았다. 그러다보니 가지와 새싹이 위로 뻗었다. 자신의 가지와 새싹이 어디까지 자랐는지 생각하지 않았다. 그녀는 그저 아프리카 야생에 있는 자신이 좋았고 동물들과 하루하루 교감하고 사귀어가는 자신의 모습이 뿌듯했다. 그 결과는 굉장했다. 우리는 그녀라는 가지를 타고 유인원의 세계에 들어갔고 그 곳에서 원시 인류의 삶을 볼 수 있게 됐다.

90세의 제인 구달이 요즈음 힘쓰는 일은 '뿌리와 새싹' 운동이다. 동물을 사랑하다 보니 그들의 터전인 숲과 식물도 소중히 대한다. 그녀가 가장 안타까이 여기는 것은 지구에서 베

고령의 나이에도 '뿌리와 새싹'이란 단체를 조직해
숲과 식물을 살리는 운동을 전개하고 있다[72]

어지는 나무이고 아프리카에서 사라져가는 숲이다. 숲은 동물들의 집이다. 숲이 없어지면 동물 난민이 늘어날 수밖에 없다. 그래서 전 세계를 돌며 뿌리와 새싹 운동을 펼치고 있다. 제인 자신이 뿌리와 새싹이기도 하다. 그녀에게 쏟아지는 찬사와 경탄과 존경은 여러 가지 이유와 의의를 지니고 있다.

 제인으로 인하여 인류 역사는 다시 쓰여졌다. 어떻게 그녀는 그렇게 대단한 일을 했을까? 모두 열거할 수 없는 많은 요인이 있을 것이다. 한 가지만 지적하고 싶다. 그녀는 무념무상한 식물이고 나무였다. 매순간 조금씩 뿌리를 키우고 가지와 새싹을 올렸을 뿐이다. 하지만 복잡한 우리들은 늘상 생각에 잠긴다. 우리가 어떻게 해야 '그 곳'에 도달할 수 있지? 하지만 이런 '생각'만 없다면 우리는 어디에든 갈 수 있다. 대륙을 지나 해양을 거쳐 종의 경계까지 넘을 수 있다.

우리는 생명에 대한 두려움을 느껴
이렇게 펜타곤에 모였다
우리는 남자들이 느끼는 분노는 무엇인지,
파괴 행위를 통해서만 충족되는 공포가 무엇인지,
그러한 일을 저지르는
차가운 심장과 야망이 무엇인지 알고 싶다.

더 이상 사람을 죽이기 위한
놀라운 발명은 없어야 한다.
우리는 모든 것이
하나로 연결돼 있다는 사실을 알고 있다.

페트라 켈리, 『희망은 있다』 중에서

페트라 켈리
거침없는 녹색 해바라기

전쟁이 낳은 사랑

제2차 세계대전이 끝날 무렵 독일의 한 병사가 미군에 포로로 붙잡혔다. 그는 전쟁이 끝나고 서독행을 원했으나 연합군은 허락하지 않았다. 이 병사는 펜팔친구로 지내던 서독 여성에게 도움을 청했고 그녀는 거주지 보증에 협력해 주었다. 그렇게 두 사람은 한 집에 머물렀고 얼마 후 결혼하게 됐다. 포로였던 병사는 지그프리트 레만, 서독 여성은 마리안네 비를레였다. 곧 그들 사이에 딸이 태어났다. 이름은 페트라 레만,

우리가 페트라 켈리로 부르는 인물이다.

페트라 켈리(Petra Karin Kelly, 1947~1992)는 독일 남부 바이에른 주에서 태어났다. 이곳은 독일에서 가장 부유하고 보수적인 지역이다. 젊은 병사였던 아버지 지그프리트 레만은 가정에 정착하지 못했고, 두 젊은이의 결혼생활은 일찍 막을 내렸다. 마리안네는 아이를 어머니에게 맡기고 생활전선에 들어갔다. 외할머니는 나치에게 남편을 잃었기 때문에 극우의 위험성을 잘 알고 있었고, 손녀딸에게 진보사상을 드리웠다. 얼마 지나지 않아 마리안네는 서독에 주둔한 미국 군인인 존 E. 켈리와 결혼했고, 켈리는 미국으로 전출가는 새아버지를 따라

1987년의 페트라 켈리[73]

조국을 떠났다. 외할머니는 새로운 곳으로 떠나는 딸을 위해 집을 팔아 아낌없이 지원했다.

부통령을 쩔쩔매게 만든 여학생

가족은 조지아 주 콜럼버스에 자리를 잡았다. 켈리가 조지아중학교에 입학할 무렵, 존 F. 케네디를 선망하게 됐다. 새로운 미국을 만들어가던 태양처럼 빛나는 젊은 대통령은 이 똑똑한 독일 소녀의 마음을 흔들기 충분했다. 고등학교에 진학할 무렵인 1963년에는 인종차별철폐와 자유를 요구하는 마틴 루터 킹 목사의 비폭력 저항 운동과 만났다. 하지만 떠오르는 태양인 케네디 대통령과 비폭력의 영웅 킹 목사의 저격사건에 직면하면서 이 소녀는 폭력에 관한 선명한 깨달음을 얻었다.

켈리는 새아버지를 따라 버지니아 햄턴으로 이사했는데, 이 지역은 여러 나라 사람들이 섞여 살고 백인과 흑인이 같은 학교에서 공부하는 곳이었다. 햄턴고등학교 시절 켈리는 디자이너, 카피라이터, 만화가, 학교 신문 기자, 토론 동아리 대표 등으로 두각을 나타냈다.

1966년에는 아메리칸대학교 국제관계학부에 입학했다. 워싱턴에 자리한 이 대학은 유명 정치인과 고위 관료의 특강이 많은 곳이었다. 켈리는 1학년 때 좋은 성적을 거뒀고 남은 3년의 장학금을 보장받지만, 독일국적자라서 장학금을 줄 수 없다는 통보를 받았다. 하지만 켈리에게 차별이란 단어는 없었다. 거침없는 이 여학생은 로버트 케네디 상원의원에게 편지를 썼다. 로버트 케네디는 포기하지 않는 이 독일 학생의 끈질긴 편지 공세에 관심을 갖게 됐고, 켈리가 대학을 졸업하기 전에 아메리칸대학교에는 외국인 장학금 제도가 생겼다.

학창시절 켈리는 외국학생들을 위한 국제주간 행사를 만들고 소련 대사관을 설득해 이 행사에 소련의 철갑상어를 지원받아 화제의 인물이 됐다. 크리스마스 때 독일행 비행기를 탈 돈이 없던 켈리는 쿠르트 게오르크 키징거 독일 총리에게 직접 편지를 보냈고, 티켓을 제공받았다.

이 맹랑한 여학생의 기이한 행적은 워싱턴 사람들의 관심을 끌기에 충분했다. 켈리는 허버트 험프리와의 토크쇼에 초대받는데, 준비된 대사를 무시하고 베트남 전쟁의 부당성을 거침없이 제기해 부통령을 쩔쩔매게 만들었다.

태양만을 바라본 결실

켈리에게는 소아암 환자인 열두 살 아래 여동생 그레이스가 있었다. 그레이스는 미국 이주 후 한쪽 눈을 떼어냈으나 소생의 희망은 보이지 않았다. 켈리는 교황 요한 바오로 6세에게 동생에 관한 편지를 썼고, 교황은 자신이 집전하는 미사에 온 가족을 초대했다. 얼굴의 절반을 붕대로 감은 일곱 살짜리 환자는 희망의 미소로 교황의 손을 잡았다. 하지만 그레이스는 얼마 안 되어 세상을 떠났다. 이후 켈리는 탈퇴서를 직접 교황에게 보내는 방식으로 교회를 떠났다.

소녀시절 킹 목사와 케네디 대통령의 암살을 지켜본 켈리는 교황 알현 후 체코에 들러 좌절된 '프라하의 봄'이 남긴 처참함을 목격했다. 비폭력과 평화라는 주제가 대학생 켈리의 뇌리를 관통했다. 1970년 네덜란드 암스테르담대학교에서 석사과정을 이수한 켈리는 브뤼셀에 있는 유럽공동체 임시직을 거쳐 유럽공동체 산하기구인 경제사회위원회(WSA)의 자문역이 됐다. 이즈음 켈리는 사민당에 입당했고, 평화와 비폭력, 여성주의 신념에 가득 차 있었다. 그러다가 워싱턴의 한 행사에 참가하면서 핵무기개발 반대에도 큰 관심을 보이기 시작했다. 세상을 떠난 동생이 방사선 치료로 시달린 기억도 한몫했다. 이후 독일, 유럽, 일본, 미국, 호주를 넘나들며 환경문제에 깊이 관여했다.

켈리는 BBU(시민주도 환경보호 전국연합)에 가담했고 1977년에는 BBU 상임위원으로 선출됐다. 1980년 1월에는 헬무트 골비처, 하인리히 뷜 등과 함께 독일 녹색당을 창당했다. 녹색당은 1983년 총선에서 5.6%의 지지를 얻어 켈리를 포함한 27명이 연방의회에 진출했다. 환경 관련 문제는 정치적 협상의 대상이 될 수 없다는 것이 켈리의 확고한 신념이었다.

그해 5월, 서베를린에서 개최된 유럽 핵무기 철폐 총회에 참석했던 켈리는 동베를린으로 무작정 건너가 몇몇 녹색당 의원들과 에리히 호네커 공산당 서기장 면담을 요구했다. '칼을 녹여 쟁기를!'이라고 쓴 플래카드를 들고서. 서독인들은 이 돌발행동을 비난했지만 결과는 놀라웠다. 동독 공산당 호네커 서기장이 켈리에게 동독 방문을 정식으로 요청해온 것이다. 핵무기 문제 논의가 의제였다. 물론 켈리는 이 초청을 수락했다.

초청 일자가 다가오면서 동독에서 놀라운 사건이 일어났다. 미국 대사관 주변에서 반체제 인사들이 평화기원 촛불시위를 개최했는데 이들이 폭력적으로 연행된 것이다. 동독에 도착한 켈리는 이 사태를 규탄하는 것으로 호네커와의 대화를 시작했다. 호네커는 크게 당황했다. 켈리는 호네커에게 세 가지를 제안했다. 양국의 무력사용 금지, 적대행위 금지, 단계적 무기 감축이었다. 호네커는 세 번째 항목만 빼고 동의했다. 환경, 평화와 비폭력이라는 태양만을 바라본 켈리의 거침없는 돌진, 해바라기의 생태가 가져온 큰 결실이었다.

해바라기의 최후

켈리의 행동반경은 국경의 울타리를 넘었다. 독일 연방의회에 미국 호피 인디언과 나바호 인디언을 초청해 원주민과 소

1983년 총선에서 녹색당은 5.6%의 득표로, 5% 봉쇄조항을 넘겨 원내에 진출하게 되었다. 선거 후 오토 쉴리와 기자회견하는 켈리.[74]

수민족 문제에 관심을 촉구했다. 켈리는 영국이 남호주 사막에서 핵폭탄 실험을 한 후 원주민들이 여러 가지 질병에 시달리는 것을 목격했고, 소수민족 문제가 평화 운동과 밀접하게 관련됐음을 알았다. 자신이 할 일이 많이 남아있음을 직감한 켈리는 녹색당 연방의원들에게 의원직을 사퇴하지 않겠다는 편지를 보냈다. 하지만 이 문제로 정치적인 공격을 받고 고립됐다. 녹색당은 의원직 2년 임기 순환제를 원칙으로 했기 때문이다.

아웃사이더로 지내던 켈리에게 돌파구가 생겼다. 우크라이나 체르노빌의 원전 폭발이다. 체르노빌에서 1,500km 떨어진 스웨덴에서도 방사능이 감지돼 서독을 포함한 이웃나라들은 두려움에 떨었다. 사람들은 녹색당의 목소리에 귀를 기울이게 됐고, 유럽 전역을 다니며 반핵운동을 하던 켈리는 다시금 크게 주목받았다. 당내에서는 임기 순환제를 폐기해야 한다는 의견이 고개를 들었다. 해바라기 페트라 켈리의 열정이 열매를 맺는 일만 남았다.

해바라기는 '태양의 꽃'으로 불린다. 모습이 해를 닮았고 해를 따라 움직이는 꽃이기 때문이다. 그런데 해바라기는 성장기에만 해를 향하고, 꽃이 활짝 피면 더 이상 해를 따라다니지 않는다. 키가 유난히 커서(4~8m), 씨앗이 익으면 무거운 머리를 감당하지 못하고 목이 부러져 죽는다. 씨앗은 기름을 짜거나 식용으로 사용한다.

페트라 켈리는 성장기에 평화와 비폭력이라는 태양을 좇았다. 고국으로 돌아와 녹색당을 창당하고 의원생활을 하면서 촘촘한 씨앗은 살뜰하게 피어났다. 태양처럼 당당하게 거침없이 살아온 켈리는 44세라는 젊은 날, 연인과 함께 의문의 죽음을 맞았다. 자의에 의한 동반자살인지, 연인이 그녀를 살해하고 자살한 것인지, 아니면 또 다른 배후가 있는 것인지 등 죽음에 대한 논란은 여전하다. 하지만 그녀의 용기 있는 발걸음은 전 세계 인류에게 희망을 주는 귀한 해바라기 씨앗 그 자체다.

우리 관계에서
결코 성은 중심 요소가 아니었다
우리의 주된 정서는
생각과 행동에서 조화롭고
서로 믿고 배려하고 존중하는 데 있었다

서로를 극진하게 생각하는 애정은
우리에게 성이 위주가 된 생활 이상의 것을 뜻했다
나는 스코트를 남성으로서 사랑했고
그이는 여성으로서 나를 사랑했으나
성이 지배하는 관계는 아니었다

헬렌 니어링,
『아름다운 삶, 사랑 그리고 마무리』 중에서

헬렌 니어링
영혼마저 결합한 연리목

신비주의를 물려받다

 닮은 듯 다른 두 사람이 반세기의 시간을 함께 했다. 나이와 분야와 성향에서 큰 차이가 있기에 사람들은 언뜻 둘의 동반을 상상하기 어려웠다. 하지만 '어떻게 두 사람이 함께 했을까?' 하는 의문을 무색하게 하듯 둘은 온전한 하나였다. 헬렌 니어링과 스코트 니어링의 삶이 그랬다.

 헬렌 니어링(Helen Nearing, 1904~1995)은 1904년 미국의 유복한 상류층에서 태어났다. 네덜란드계 아름다운 처녀 마리아 오브린이 여러 명의 구혼자를 피해 미국으로 잠깐 건너왔을 때, 뉴욕의 성공한 사업가 프랭크 노드를 만났고 그들은 단숨에 서로에게 빠져들어 결혼했다. 헬렌의 부모 이야기다. 그들은 이상과 영혼을 소중히 여기는 같은 가치관을 가지고 있었고 신비주의 종교철학자 모임인 신지학회(神智學會) 회원이었다. 둘 다 지역사회 사회봉사 단체의 리더로서 활발하게 활동했다.

헬렌은 위로 오빠, 아래로 동생을 두고 있었는데, 헬렌의 형제들은 장성하면서 부모의 스타일을 따르지 않았다. 헬렌만이

1950년대 어느 날, 원홀에서의 스콧과 헬렌 니어링[75]

부모의 노선을 걸어갔는데 대표적인 것은 채식주의였고 그 외에 문학과 음악, 신비주의 성향이었다. 헬렌은 다섯 살 때부터 문학에 심취했는데 독서와 사색으로 다져진 그녀의 재능은 후에 남편인 스코트 니어링(Scott Nearing, 1883~1983)과 함께 쓴 책들에서 빛이 난다.

53년의 연리목

고등학교 때 헬렌은 독서광이면서 음악소녀이고 좋은 체력으로 운동도 잘하는 '만능'이었다. 학생회 간부로 리더십이 있었지만 살짝 맛이 간 아이라는 뜻의 '넛티(Knutty)'라는 별명도 붙었다. 채식주의와 신비주의 때문이었다.

고등학교를 졸업한 헬렌은 1921년(17세)에 음악을 공부하러 유럽으로 건너가 세기의 스승으로 불리는 지두 크리슈나무르티(Jiddu Krishnamurti, 1895~1986)와 만나게 된다. 헬렌은 파리의 국제신지학협회에서 처음으로 그의 연설을 듣게 되고 이후 6년 동안 열정과 헌신으로 가득한 관계를 이어간다. 네덜란드와 인도, 이탈리아와 뉴욕과 호주에서 두 사람은 함께 했는데 그녀는 그를 존경하고 사랑했으나, 결국엔 높은 곳에서 빛나는 별일 뿐인 크리슈나와 멀어지게 된다. '세계 교사'의 숙명을 진 크리슈나와 함께 평범한 삶을 살아가는 것은 불가능했다.

열정과 혼란의 시간을 거쳐 뉴저지의 집으로 돌아온 헬렌은 아버지가 운영하는 단체의 강연을 요청하는 일로, 운명의 사람 스코트 니어링과 마주하게 된다. 1928년, 24세인 그녀가 스코트를 만났을 때 그는 45세였다. 둘 다 비슷한 부르주아 가정 배경을 지녔지만 헬렌은 신비주의로, 스코트는 사회주의로 다른 길을 가던 중이었다.

당시 스코트 니어링은 사회개혁가와 반전운동가로서 위험인물로 찍혀서 두 번이나 대학교수에서 해직됐으며, 간첩으로 몰려 재판을 받았고 아내와 아이들과도 떨어진 상태였다. 그는 사회의 모든 활동에서 추방돼 인생의 바닥을 찍고 있었다. 헬렌은 외면적으로는 아무런 희망도 없는 그의 곁을 지키기로 결심했다.

그들이 처음 만났을 때 공통점이라면 같은 시대를 살고 있다는 것과 둘 다 채식주의자(!)라는 것 정도였다. 하지만 놀랍게도 그들은 무려 53년 동안 우람한 연리목으로 함께 자라났다. 둘은 영혼의 동반자였을 뿐 아니라 감정과 결정과 생각, 시간과 공간을 완벽하게 공유했다.

나무가 연리목이 되는 과정은 단숨에 일어나지 않는다. 두 그루의 나무가 맞닿아 껍질이 벗겨지고 속살이 닿으면서 가지나 줄기, 혹은 뿌리를 아주 오랜 세월에 걸쳐 하나로 만든다. 그래서 연리지, 연리목, 연리근으로 불린다. 그 과정은 결코 쉽지 않은데, 수종이 같거나 비슷해야 가능하고 오랜 세월 서로 부딪치고 부대끼는 인내의 시간이 요구된다.

두 사람은 단번에 서로를 알아보았다. 하지만 지적이고 현명한 동반자인 스코트는 젊은 헬렌과 함께하기 전에 관계의 숙성기간을 마련했다. 그들이 만나기 시작한 것은 1928년이었고, 함께 버몬트에 둥지를 틀고 자급자족 생활을 시작한 것

1982년, 하버사이드 포레스트 팜에서 생활할 때의 스콧과 니어링[76]

은 1932년, 정식으로 법적부부가 된 것은 1947년이었다. 그들이 만난 지 약 20년 후에 결혼한 것은 스코트와 별거하던 부인이 살아있었기 때문이다.

스코트는 젊은 헬렌이 부유한 상류층 구혼자들과 충분한 시간을 보내도록 권유했고 헬렌 또한 네덜란드로 건너가 그런 시간들을 가졌다. 1929년까지 헬렌은 하층생활을 체험하기 위해 집에서 독립해 최저임금을 받으며 여러 공장에서 일하기도 했다. 수십 년 동안 수많은 편지와 대화로 서로의 줄기를 맞대면서 그들은 연리지가 되는 기간을 보냈다. 함께 같은 방향을 바라보면서 이상과 생각을 공유했으나 성적인 관계는 보류했다.

하루 4시간의 노동

그들이 함께한 시간과 결혼으로 이어지는 생활은 성향이 비슷한 두 영혼의 결합이었다고 헬렌은 회상한다. 스코트는 자유와 자립을 소중히 여기는 사람이었고 반려자 헬렌에게도 그렇게 대했다. 스코트는 헬렌을 매우 사랑했으나 그 사랑이 헬렌의 성장과 행복에 도움을 주지 못한다면 언제든 떠나도 좋다고 했다.

그들은 버몬트와 메인에서 땅을 일구고 돌집을 짓고 돌담을 쌓고 연못을 파고 농사를 지었다. 임금에 메인 노동을 거부하고 자급자족의 삶을 살았다. 필요한 연장은 만들어 썼고 옷도 두 벌 이상 장만하지 않고 평생 검소하게 살았다. 하루에 4시간 일하고 나머지 시간은 정말로 원하는 일을 했다. 독서와 저술, 악기 연주와 음악 감상, 휴식과 취미활동이었다.

그들은 소유와 삶의 질 문제를 늘 고민했고 스트레스를 줄이며 살았기에 단 한 번도 의사를 찾아가지 않았다. 다른 동물의 시체를 거부하는 철저한 채식주의를 실천했으며, 동물의 부산물인 치즈, 달걀, 우유도 먹지 않았다. 부부는 이웃에게 꽃을 키워 나눠주기를 즐겼고, 유기농법과 자급자족의 생활을 배우러 오는 사람들에게 집을 개방했고 음식을 제공했다.

그들에게는 잉여가 없었다. 겨우내 저장해 먹을 만큼만 농사했다. 세금 낼 돈을 미리 계산해 딱 그만큼만 돈을 벌었다. 후에 이들의 삶이 언론과 방송에 적극적으로 알려지면서 미국 전역과 세계에서 방문객이 몰려들었지만, 자신들의 삶의 패턴을 그대로 유지해 소박하고 건강하게 살았다.

소유와 종속과 스트레스와 욕망의 쳇바퀴에 맞물려 사는 사람들에게 그들은 행동과 삶으로서 본보기가 됐다. 98세까지 왕성한 노동과 저술과 강연활동을 하던 스코트 니어링은 100

세가 되자 단식으로 이 세상을 떠난다. 헬렌 또한 몇 년 후 남편과 똑같은 길을 갔는데 그것은 부부가 계획하고 약속한 자연적 삶의 끝이었다. '사랑과 떠남은 삶의 일부'라고 헬렌은 자서전의 말미에서 결론지었다. 헬렌이 스코트 사후에 적은 편지를 보자.

"사랑하는 스코트, 우리는 50년 동안 사랑과 동지애 속에서 같이 살아왔습니다. (중략) 우리는 관심과 목표와 행동이 일치하는 두 사람으로서 함께 연결돼 있었습니다. 우리는 서로를 좋아하면서 또한 함께 해온 많은 것들을 좋아했습니다. (중략) 지적이고 훈련된 당신의 소양은 나보다 훨씬 위였지만 나는 당신의 이해와 협력의 바탕 위에서 함께 일했습니다. 우리는 어떤 신비로운 작용으로 평등하게 됐고, 우리의 삶을 하나로 살았습니다. 당신에게 감사드려요. 그리고 영원히 최상의 찬사를 보냅니다. 헬렌."

53년의 시간 동안 두 나무는 모든 것을 함께하는 하나가 되어갔다. 처음에는 가지를 합쳤으나 점차 줄기를 합치고 뿌리를 합쳐갔다. 느낌, 정서, 이상, 생각, 노동, 저술, 여가, 여행 … 모든 것들을 함께 했다. 뿌리부터 가지와 줄기까지 수십 년이 지나며 하나가 됐다. 그 과정에서 먼저 손을 내민 것은 적극적이고 발랄한 헬렌이었다. 자연 속, 있어야 할 자리에 위풍당당하게 자라난 연리목은 백년이 흐른 지금까지도 많은 이들의 외경의 대상이다.

우리가 분명히 알아야 할 것은
서양식 사고를 가진 우리들이 마주치는 것들이
미개함이나 윤리의 타락이 아닌
정교하고 고풍스러운
또 하나의 문명이라는 것이다

이것은 타락한 것이 아니며
비록 불완전하기는 해도
우리가 존중하고 감탄할 만한 가치를 가지고 있다

이블린 케이, 『이사벨라 버드』 중에서

이사벨라 버드 비숍
지구를 휘감은 스펑나무

기괴한 나무

캄보디아의 타 프롬(Ta Prohm) 사원에는 기괴한 나무가 자란다. 실크 코튼 나무인데, 캄보디아에서는 스펑나무로 불린다. 이 나무는 속이 비어서 가구를 만들 수 없고 땔감으로 쓰지도 못하는데 오래된 사원 담벼락을 타고 자라는 거대한 뿌리로 사원을 지탱한다. 이 나무처럼 살다간 여성이 있다. 그의 이름은 이사벨라 버드 비숍(Isabella Lucy Bird, Isabella Bird Bishop, 1831~1904)이다. 아버지 에드워드 버드는 영국국교회 복음주의 목사였다. 증조부 조지 머틴 경은 런던 시장을 지냈고 사촌인 윌리엄 윌버포스는 노예제도를 반대한 정치인이고 친척 중 2명은 영국국교회 주교였다. 이러한 배경으로 이사벨라의 삶은 기독교 신앙이 견고한 사원이 되어 주었다.

요크셔 버러브릿지에서 태어난 이사벨라는 독실한 기독교식 교육을 받고 자라났다. 여성을 위한 정규교육이 없던 시절이라 어머니 도라에게 역사와 문학, 프랑스어와 회화를 배웠다. 아버지는 그녀에게 식물학과 라틴어를 가르쳤다. 그녀는 혼자서 『프랑스혁명사』를 읽고 화학과 생물학을 공부할 만큼 똑똑했다. 15세에는 자유시장과 노동자 보호 문제에 관한 시론을 썼다.

캄보디아 타 프롬사원에 뿌리내린 스펑나무

이사벨라는 어려서부터 병을 자주 앓았다. 속이 빈 스펑나무처럼 무력감과 불면증, 척추의 병은 평생 그녀를 힘들게 했다. 우울증까지 앓게 되자 의사는 여행을 처방했다. 산속의 맑은 공기를 쐬라는 '공기의 전환' 치료법이었다. 스코틀랜드 고지대에서 지낼 때는 호전됐지만 병은 재발됐다. 그녀의 우울증과 요통과 두통은 심리적 좌절의 결과였다. 여성에게는 열린 문이 없었다. 그동안 신문 몇 군데에 익명의 글을 실었지만, 당시 여성에게는 아무런 기회가 없었다.

사원을 파괴했다는 믿음

의사는 오랜 기간의 바다 여행을 권고했고 22세의 이사벨라는 사촌들이 사는 캐나다로 첫 여행을 떠나 북아메리카를 둘러봤다. 열 시간 동안 배가 흔들리며 침몰할 위험 속에서 3시간 기절했는데, 오히려 이사벨라는 그 속에서 흥분과 삶의 희열을 느낀다.

글재주가 있는 그녀는 『미국에 간 영국 여인』(1856)이란 책을 써서 45판을 찍는 성공을 거뒀다. 이사벨라는 스코틀랜드의 가난한 어부들이 새 어선을 사도록 인세를 기부했다. 26세의 그녀는 여행과 글쓰기로 자신의 능력을 발휘하는 법을 배웠다. 그것은 평생 이어져 10권의 여행기, 수십 건의 기사와 2권의 사진 책을 남겼다.

1858년 아버지가 세상을 떠났을 때 이사벨라는 자신의 여행이 아버지의 죽음을 재촉했다는 죄책감과 함께 깊은 우울증에 빠져들었다. 이사벨라의 마음에 뿌리내린 사원은 기독교 신앙이고, 자신은 사원을 지탱하는 스펑나무처럼 희생의 삶을 사는 것이 마땅했다. 그러나 그녀는 자신의 욕구대로 여행을 다녔고 그것은 신앙에 어긋나는 삶이라고 생각했다. 사원을 지탱할 나무인 자신이 오히려 사원을 파괴하게 되면서 아버지의 죽음을 초래했다는 자책은 그녀를 괴롭혔고, 여행을 끊고 아버지의 뜻대로 선행과 봉사에 자신의 삶을 바치리라 결심했다.

이즈음 이사벨라 가족은 왕실 병원 수련의인 존 비숍 박사를 만나게 되어 동생 헨리에타와 함께 오랫동안 친분을 유지했다. 아버지의 죽음 이후 이사벨라는 12년 동안 자신의 결심에 충실했다. 그러나 다시금 두통과 요통이 찾아오고 우울증이 덮쳤다. 이제는 침대에 의지해 하루 하루를 지내야 했다.

결국 1872년 여름, 41세의 이사벨라는 오스트레일리아로 가는 배에 몸을 실었다. 이사벨라는 여행지에서 하와이의 화산과 해변, 협곡과 급류의 모험, 로키산맥, 콜로라도 사슴계곡과 사랑 등 모든 것을 편지에 담아 동생에게 보냈다. 그녀는 일본으로 떠나 아이누족의 곰 축제를 보고 외부인에게 금지된 신전도 관람했다. 이집트로 향해 시나이 사막 위에 텐트를 치고 오아시스를 경험하기도 했다.

남편의 가장 강력한 라이벌

이렇게 지구를 한 바퀴 돈 후, 1879년 5월에 멀 섬에 도착해 1년 만에 자신을 기다리던 동생을 만났다. 헨리에타의 내조를 받으며 그녀는 『로키산맥에서의 한 여인의 삶』(1879)이

비숍은 구한말 조선을 직접 방문하기도 했다. 시인 김수영은 「거대한 뿌리」에서 "나는 이사벨라 비숍 여사와 연애하고 있다"라고 노래했다.[77]

란 책을 저술했는데, 이 책 역시 대단한 성공을 거뒀다. 그 무렵 동생 헨리에타가 장티푸스에 걸렸고 존 비숍 박사의 6주에 걸친 극진한 간호에도 불구하고 46세로 숨을 거뒀다. 동반자인 동생을 잃은 이사벨라의 비탄은 극심했다. 그녀는 여러 번 자신에게 청혼했던 존 비숍에 대한 마음이 커갔고, 1881년 3월, 50세의 나이에 열 살 연하인 그와 결혼했다.

이사벨라의 자유로운 여행을 지지한 남편 존은 "나에게는 오직 하나의 강력한 라이벌이 있는데, 그것은 이사벨라의 마음속에 있는 중앙아시아의 고산지대다"라는 유명한 말을 남겼다. 그러나 존경받는 착한 의사인 남편은 결혼 생활 8개월 무렵 환자를 수술하다가 독에 감염돼 5년을 고생하다가 1886년 3월, 결혼기념일을 이틀 앞두고 사망했다. 이사벨라는 남편의 죽음을 자책했다. 동생을 잃은 슬픔으로 자신이 결혼식 날 상복을 입은 것 때문에 남편이 죽었다고 생각했다.

마음을 다잡은 그녀는 의료선교사의 소명을 다하려고 1887년 봄 런던 세인트마리아 병원의 3개월 간호코스에 들어가 공부했다. 1889년 2월, 58세의 이사벨라는 미지의 세계를 향한 끝없는 열정으로 인도로 떠났다. 인도 여행의 목적은 두 가지였는데, 하나는 남편과 동생을 기념하는 선교병원을 세우는 것, 또 하나는 히말라야를 직접 보는 것이었다. 그녀는 이슬라마바드에 남편을 기리는 존 비숍 기념병원을, 바이어스에 헨리에타 버드 기념병원을 건립했다.

1년 후 그녀는 페르시아 여정을 꿈꿨다. 영국 당국은 혹독한 추위와 폭력적인 반기독교 정서, 그리고 거친 유랑 부족민들의 잔혹함을 들어 이사벨라의 페르시아 행을 만류했다. 그러던 중 비밀군사 임무를 위해 페르시아로 향하는 허버트 소여 대령과 동행하게 된다. 거의 1만 킬로미터에 이르는 이 여행은 높은 페르시아 고원을 넘어 케르만샤, 하밀라바드, 쿰을 거쳐 테헤란에 당도하는 길이었다. 이사벨라와 소여 소령은 비바람을 헤치고 눈 쌓인 고원지대를 넘어 케르만샤에 도착할 수 있었다. 이사벨라가 페르시아 방식으로 베일과 마스크를 쓰고 상점을 다닐 때, 남자들은 그녀가 여자라는 이유만으로 고함치고 모욕했다.

여행단이 다시금 산을 넘을 때 눈 폭풍이 불어왔고 얼음 눈 조각이 몸을 때리고 눈을 찔렀다. 거센 바람에 눈이 쓸려 들어와 시야도 길도 사라졌다. 이사벨라는 폭풍을 정면으로 받으며 앞으로 나아갔다. 마을에 도착해서는 앞서가던 대상 무리 중 다섯 명이 눈보라에 목숨을 잃었다는 소식을 들었다.

그녀의 생각은 이랬다. '나는 지금 지치고 감각을 잃은 상태다. 하지만 따뜻한 빗속에서 진흙탕을 걷는 지루함보다는 고난과 흥분 속에 행군하는 것이 더 낫다.' 다음 날은 날씨가 더 사나웠다. 그들이 2,000미터 높이에 있는 고개의 협곡에 다가갔을 때, 흘러내린 눈물이 얼굴에 얼어붙고 마스크와 입술도 얼어붙었다. 이사벨라는 차라리 눈 속에 누워 죽는 게 낫겠다고 생각했으나 의연히 전진했다. 그날도 눈 속에서 세 사람이 죽고 말았다. 이사벨라는 다친 사람들을 간호하며 밤을 지냈다.

조선과 그 이웃 나라들

다음 탐험지인 바크테리아족의 땅에서 이사벨라는 마을 사람들에게 약을 나눠주고 치료했다. 하지만 밤새 트렁크의 돈을 몽땅 도둑맞았고 음식과 장비까지 도난당했다. 또한 소여 소령의 강압적 성격으로 바크테리아 족장들과 갈등이 생겨 어려움이 따르기도 했다. 보루제르드에서는 권총으로 위협받았고, 몽둥이와 칼을 지닌 험악한 남자들의 공격도 뒤따랐다.

병약한 이사벨라는 이 모든 역경을 넘어서며 스펑나무 뿌리처럼 꿋꿋하게 지구를 휘감았다. 1892년에는 여성 최초로 영국왕립지리학회(Royal Geographic Society)의 회원이 됐다. 이사벨라는 이후 한국과 중국 그리고 일본을 여행하여 『조선과 그 이웃 나라들』(1898) 이란 책을 남겨 한국 정치의 전문가로 인정받았다. 오랜 세월의 여행을 통해 그녀는 당당하고 권위 있는 멋진 리더가 됐다.

1901년, 69세의 이사벨라는 북아프리카 탕헤르에 도착해 말을 타고 모로코의 아틀라스산맥을 달렸다. 이 여행 이후 이사벨라는 심각하게 쇠약해졌다. 심각한 심장병을 앓으면서도 중국 여행을 계획하던 그녀는 1904년 10월에 친구들의 찬송가를 들으며 73세로 평안히 숨을 거뒀다.

이사벨라가 기부한 기금으로 세워진
모버토리(스코틀랜드 멀 섬의 수도)의 시계탑[78]

도산 선생 앞에

20여 년 구속받던
아픈 마음과 쓰린 가슴
상제주께 후소하고
공중여왕 면류관을 빼앗으러 가나이다
길이 사랑하여 주심 바라
삼가 이 글을 눈앞에 올리나이다

사랑하시는 기옥 올림
4257년 7월 5일 운남에서

첫 단독비행 성공 후
안창호에게 보낸 편지[79]

권기옥
보도블럭 사이의 갈네

가라, 죽어라

1901년 1월 11일, 대한제국 평안남도 중화군 동두면 설매리에서 여자아이가 태어났다. 아버지 권돈각과 어머니 장문명의 네 번째 자녀로 태어난 이 아이는 아버지에게 '갈네'라는 이름을 받았다. 부부는 7명의 자녀를 낳았는데 첫 번째 딸과 둘째였던 아들은 출생 직후 죽었다. 두 아이가 죽고 나서 얻은 딸에게 부모는 길하게 살라는 '길네'라는 이름을 주었다. 하지만 4년 후 낳은 둘째 딸은 '가라', '죽어라'는 의미로 '갈네'

라고 불렀다. 아버지에게 환영받지 못한 이 '갈네'가 바로 대한민국 최초의 여자 비행사이며 독립운동가인 권기옥(權基玉, 1901~1988)이다.

갈네가 8세 때 장티푸스로 다 죽게 돼 다음날 묻으려고 했는데 새벽에 기적처럼 살아난 일이 있었다. 이웃 장대현교회에서 찾아와 기도해 준 덕분에 딸이 살아났다고 확신한 갈네의 부모는 교회에 다니기 시작했다. 은단공장에 여공으로 취업했던 11세 갈네는 다음해 장대현교회에서 운영하는 숭현소학교에 입학했고 드디어 '기옥'이란 이름이 생겼다.

소학교 시절 기옥은 몸이 약한 어머니 대신 집안 살림을 도맡고 동생도 키웠다. 성적은 항상 1등이었다. 특히 수학과 과학이 뛰어났다. 18세가 된 1918년, 기옥은 5년제 숭의여학교에 편입했고 송죽회에 가입했다. 송죽회는 국외에서 활동하는 독립군의 군자금을 지원하고 독립운동가의 가족을 돕고 학생들의 실력을 기르는 비밀결사였다.

숭의여학교 학생들은 광무황제의 붕어 소식에 흰 댕기와 소복으로 애도했고, 3·1만세운동이 일어나자 태극기 제작과 애국가 등사를 하며 평양의 만세운동을 주도했다. 3·1만세운동 이후 기옥은 체포됐다가 3주후 풀려났다. 조직을 통한 활동이 오히려 위험하다고 생각한 기옥은 혼자서 독립운동자금 모금

활동에 뛰어들었다. 여학생들이 자신의 머리카락을 자르고 어머니의 패물을 팔아서 마련한 돈을 임시정부에 전달하는 일이었다.

1919년 10월에 평양에서는 또 한 번의 만세운동이 일어났다. 기옥은 체포돼 혹독하게 고문당하며 임시정부공채 판매의 배후를 추궁 받았다. 수십 번 기절했지만 끝내 입을 열지 않은 기옥은 6개월간 수감됐다가 1920년 4월에 풀려났다. 이후 여자전도대의 일원으로 전국을 돌며 합창과 연설을 했는데, 이

경기도 김포의 국립항공박물관
야외전시장에 조성된 권기옥의 조형물

또한 일제경찰의 탄압으로 지속할 수 없었다.

불가능한 꿈

평남도청 폭탄 투척 관련 혐의까지 받으며 일제의 체포대상이 된 기옥은 더 이상 국내에서 독립운동을 할 수 없게 됐다. 결국 기옥은 임시정부 사람들의 도움으로 고향을 떠나 상하이에 도착했다. 1920년 11월말의 일이다. 기옥은 안창호의 흥사단 모임에 참여했고 하와이에서 상하이로 온 노백린과도 만났다.

노백린은 임시정부 군무총장으로 선임됐는데, 1920년 캘리포니아주 북부에 비행학교를 설립하고 공군 독립군을 양성하는 데 주력하고 있었다. 노백린의 비행기학교는 임시정부에게 큰 용기를 주었고 기옥에게 새로운 꿈을 불러 일으켰다. 기옥이 숭현소학교에 재학하던 시절, 미국 비행사 아트 스미스가 평양에 와서 비행시범을 했던 적이 있었다. 16세 소녀는 구름을 희롱하는 비행사의 묘기를 보았고 비행사가 되겠다는 꿈을 키웠다. 하지만 그 꿈을 실현할 방도는 하나도 없었다.

1921년 봄에 기옥은 중국 항저우 훙파오여학교에 입학했고, 독립운동을 위한 실력을 키우고자 노력했다. 당시 한국인들은 주로 난징에서 공부했는데 기옥은 한국인이 많은 난징에서는 중국어 학습이 힘들 것이라는 생각에 항저우로 향한 것이다.

중국어뿐 아니라 영어도 필요하다는 것을 안 그는 교장선생님에게 특청을 넣어 방학을 활용해 선교사 집의 가사를 도우며 영어를 배웠다. 비행학교 입학에는 어학 실력이 필수인데 지원자들이 어학 때문에 어려움을 겪는다는 사실을 알고 외국어 공부에 열중한 것이다. 기옥은 1923년 6월 상위권의 성적으로 홍따오여학교를 졸업했다. 일제강점기 항저우에 간 한국인 유학생 중에 학교를 졸업한 사람은 단 두 사람이었는데, 그 중 하나가 권기옥이다.

남자도 비행기를 두려워하잖소

기옥이 비행학교 입학을 힘쓰던 1923년 말 중국에는 4개의 항공학교가 있었다. 그 중 두 군데에서는 여자라는 이유로 입학을 거절당했고 그나마 입학을 허가받은 학교는 비행기가 없는 학교였다. 남은 곳은 윈난항공학교뿐이었다. 기옥은 직접 윈난으로 향했다. 중국인 혁명가 방성도와 임시정부 이시영의 추천장을 들고 갔다. 기옥은 세 명의 한국청년들과 함께 윈난

성장을 만나러 독군서로 달려갔다.

 총부리를 들이댄 위병들에게 끌려 위병소 안으로 들어간 기옥은 유창한 중국어로 독군을 만나러 왔다고 말하며 방성도와 이시영의 추천장을 보여줬다. 추천장을 받아든 그들은 면담여부를 알려 줄테니 돌아가라며 기옥을 몰아냈다. 그날 밤, 병사가 기옥의 숙소로 찾아와 다음 날 오후 1시까지 오라는 통보를 주었다. 뜬 눈으로 밤을 보낸 기옥은 끼니도 거른 채 독군서로 달려가 탕지야오 독군을 대면했다.

 그는 기옥에게 한국의 독립운동에 대해 묻고는 윈난항공학교 교장에게 보내는 친필편지를 써주었다. 내용은 이랬다. "남

선전 비행을 준비 중인 권기옥(왼쪽에서 두 번째)[80]

자도 비행기를 두려워하는데 여자가 독립운동을 한다고 변방까지 왔으니 입학을 허가해 주시오. 규정에 어긋난다 해도 특별히 받아주시오." 기옥은 탕지야오 독군의 편지를 들고 윈난항공학교로 갔는데 마침 교장 취임식이 진행 중이었다. 신임교장은 기옥을 거부했으나 전임 교장 류체이펜은 독군의 뜻에 따라 기옥의 입학을 도와주었고, 기옥을 위한 여학생 기숙사를 지어주고 사람까지 딸려 주었다. 이때가 1923년 말, 기옥은 비행과 독립의 꿈에 한 발 다가섰다. 정비를 비롯한 실습과 기초체력훈련, 비행적성검사에 까지 합격해 비행과에 편성됐다.

비행공부에 여념이 없을 즈음 탕지야오 독군이 기옥에게 사람을 보냈다. 기옥의 거처를 입수한 일제가 일본영사관을 통해 탕지야오에게 기옥의 체포를 요구한 것이다. 윈난항공학교에 그런 학생이 없다고 잡아떼는 탕지야오 독군에게 일본영사관은 거리에서 기옥을 발견하면 사살하겠다고 위협했다. 탕지야오는 사람을 보내 이 사실을 알리고 기옥에게 안전을 위해 학교 밖으로 절대 나가서는 안 된다고 전했다. 이후로도 일제는 밀정을 고용하여 기옥을 암살하려 했다.

발로 밟혀도, 차에 치여도

윈난항공학교 졸업(제1기) 후 기옥은 상하이로 돌아왔다. 비행술을 연마하려면 중국군 외에는 갈 곳이 없었다. 기옥은 장자커우 항공사령부를 찾았고 그곳에서 항공사령관 장쯔지앙을 만나 항공처 부비항원(부조종사)으로 임명됐다. 1926년 4월 20일의 일이다. 기옥은 쿵좌장 비행장에서 한국인 서왈보 소좌의 지도로 비행연습을 했다. 그즈음 독립운동가 유동렬과 교유했는데 그를 통해 후에 남편이 된 이상정(그의 동생이 바로 「빼앗긴 들에도 봄은 오는가」의 시인 이상화이다)을 만나게 된다.

그 해 8월 기옥이 소속된 펑위샹 군대가 해산되면서 기옥은 남편 이상정과 함께 베이징을 거쳐 다음해 1월에 상하이에 도착해 6월 4일부터 항공서 항공 제1대 상위관찰사로 활약했다. 기옥은 중국인과의 사소한 마찰이 불거져 간첩혐의로 중국 경찰에 체포돼 억울한 옥살이를 겪은 일도 있었으나 다시 난징의 항공대로 복귀했다. 1931년 봄에는 상하이 사변 정찰 임무를 수행해 무공훈장을 받았으며, 1935년에는 항공위원회 쑹메이링 부위원장의 제의로 선전비행을 준비하기도 했다.

다음 해인 1936년에는 일본의 밀정 노릇을 했다는 모함으로 스파이 혐의를 받아 남편 이상정과 함께 체포돼 8개월간 수감되었다. 1938년에는 충칭의 육군참모학교 교관으로 활동했고, 1943년에는 한국애국부인회 재건대회에 참여하고 한국광복군 비행대 창설을 구상했다. 권기옥은 해방된 조국에서 국방위원회 전문위원으로 활약했고 건국훈장 국민장(1977)을 수여받으며 한국 공군의 어머니로 남았다.

딸자식을 마뜩찮게 여겼던 아버지에게서 태어난 '갈네'는 비옥한 땅에 뿌려진 씨앗이 아니었다. 집안 뿐 아니라 나라도 위태롭고 척박했다. 하지만 '갈네'는 용기 있고 긍정적이었다. 보도블록처럼 뿌리내리기 힘든 환경에 풀처럼 연약한 몸을 뉘였다. 숨 쉴 틈만 있다면 충분했다. 소학교에서 제대로 된 이

1937년, 난징에서 남편 이상정(오른쪽)과 시동생 이상화 시인과 함께[81]

름 '기옥'으로 거듭난 그는 하늘로 마음을 두었다.

갈네는 어디든 틈새만 있다면, 약간의 흙이나 습기만 있다면 발아하는 야무진 풀이었다. 보도블록 사이에서 자라는 풀은 보행자에게 밟히거나, 차량에 치이거나, 도로 표면의 열로 고통 받는다. 권기옥의 삶도 그랬다. 하지만 그녀와 그녀의 꿈인 독립과 비행은 꾸준히 조금씩 자라났다. 권기옥의 비행은 대한민국 공군을 키워냈다. 한국 최초의 여류 비행사, 독립운동가 권기옥은 자유로운 조국의 따뜻한 품안에 잠들어 있다.

사진 및 인용 출처

1. 사진 출처: en.wikipedia.org
2. 사진 출처: en.wikipedia.org
3. 사진 출처: en.wikipedia.org
4. 사진 출처: DesertFlowerFoundation.org
5. 사진 출처: DesertFlowerFoundation.org
6. 사진 출처: DesertFlowerFoundation.org
7. Gage Skidmore의 사진
8. 사진 출처: historicalimages.wordpress.com
9. 사진 출처: search.i815.or.kr (독립기념관)
10. 사진 출처: Wikimedia Commons
11. 사진 출처: japanese.china.org.cn
12. 사진 출처: cpc.people.com.cn
13. 사진 출처: 위키피디아
14. 사진 출처: dorothydayguild.org
15. 사진 출처: dorothydayguild.org
16. 사진 출처: 위키피디아
17. 사진 출처: 위키피디아
18. 사진 출처: 위키피디아
19. 사진 출처: 다큐 〈노라 노〉 중에서
20. 사진 출처: 공훈전자사료관
21. 사진 출처: 박열의사기념관
22. 사진 출처: 박열의사기념관
23. 사진 출처: 위키피디아
24. 사진 출처: 위키피디아
25. 사진 출처: Wikimedia Commons
26. 최미애, 「임순례 감독이 기억하는 박남옥 감독」, 〈대문〉.
27. 사진 출처: 한국영화박물관
28. 박남옥 지음, 『박남옥 한국 첫 여성 영화감독』, 마음산책, 2017.
29. 사진 출처: cine21.com
30. 시몬느 드 보부아르 지음, 이영선 옮김, 『자유로운 여자』, 산호, 1993.
31. 슈테판 에레트르 지음, 김영옥 옮김, 『나무들의 어머니, 왕가리 마타이』, 열림원, 2005.
32. 왕가리 마타이 지음, 최재경 옮김, 『위대한 희망』, 김영사, 2010.
33. 사진 출처: greenbeltmovement.org
34. 사진 출처: nobelprize.org
35. 『조지아 오키프 그리고 스티글리츠, 20세기 모더니즘 미술의 신화』, 헌터 드로호조스 카필프 지음, 이화경 옮김, 민음사, 2008.
36. 사진 출처: ⓒ 2018 Georgia OKeeffe Museum.

37 Whitney Museum of American Art, New York. ⓒ Georgia O'Keeffe Museum/ Artists Rights Society (ARS), New York.
38 ⓒ 2018 Georgia OKeeffe Museum/ Artists Rights Society (ARS), New York.
39 사진 출처: 최용신기념관
40 사진 출처: 최용신기념관
41 사진 출처: 최용신기념관
42 사진 출처: 대한민국역사박물관
43 사진 출처: en.wikipedia.org
44 사진 출처: en.wikipedia.org
45 사진 출처: en.wikipedia.org
46 사진 출처: en.wikipedia.org
47 사진 출처: en.wikipedia.org
48 사진 출처: 위키피디아
49 Joan Roth의 사진, 출처: jwa.org
50 Joan Roth의 사진, 출처: wnycstudios.org
51 사진 출처: www.blixen.dk
52 사진 출처: 재단법인 정일형·이태영박사 기념사업회
53 사진 출처: 민주화운동기념사업회
54 사진 출처: Wikimedia Commons
55 사진 출처: Wikimedia Commons
56 사진 출처: Wikimedia Commons
57 사진 출처: menchutum.com
58 사진 출처: menchutum.com
59 사진 출처: menchutum.com
60 사진 출처: 위키피디아
61 사진 출처: 부산광역시
62 사진 출처: kwscs.or.kr(기독교대한감리회 여선교회전국연합회)
63 사진 출처: kwscs.or.kr(기독교대한감리회 여선교회전국연합회)
64 한국학중앙연구원, '2009 문명과 평화' 기조연설 「세계평화와 문명간의 대화」 중에서.
65 사진 출처: https://law.yale.edu
66 사진 출처: https://sites.psu.edu
67 사진 출처: commons.wikipedia.org
68 사진 출처: 위키피디아
69 사진 출처: kwon-blog.tistory.com/m/1538
70 사진 출처: 마로니에북스
71 사진 출처: https://www.janegoodall.org
72 사진 출처: https://achievement.org/achiever/jane-goodall
73 사진 출처: ko.wikipedia.org
74 Engelbert Reineke의 사진, 출처: environmentandsociety.org

75 사진 출처: https://www.walden.org
76 Joel Sternfeld의 사진, 출처: www.artic.edu
77 사진 출처: 위키피디아
78 사진 출처: 위키피디아
79 한국독립운동사연구소 기획, 윤선자 지음, 『대한독립을 위해 하늘을 날았던 한국 최초의 여류 비행사 권기옥』, 역사공간, 2016.
80 사진 출처: 숭의여자고등학교
81 사진 출처: 정혜주

참고문헌

가브리엘 코코 샤넬

1. 론다 개어릭 지음, 성소희 옮김, 『코코 샤넬, 세기의 아이콘』, 을유문화사, 2020.
2. 앙리 지델 지음, 이원희 옮김, 『코코 샤넬』, 작가정신, 2002.
3. 엠마 박스터-라이트 지음, 이상미 옮김, 『샤넬디자인, 위대한 패션브랜드의 탄생』, 동글디자인, 2018.
4. 카타리나 칠코프스키 지음, 유영미 옮김, 『코코 샤넬, 내가 곧 스타일이다』, 솔출판사, 2005.

와리스 디리

1. 와리스 디리 지음, 권오숙 옮김, 『와리스 디리, 엄마에게 쓰는 편지』, 기린원, 2009.
2. 와리스 디리 지음, 신혜빈 옮김, 『사파구하기』, 열다북스, 2021.
3. 와리스 디리·잔 다엠 지음, 문영혜 옮김, 『사막의 새벽』, 섬앤섬, 2007.
4. 와리스 디리·캐틀린 밀러 지음, 이다희 옮김, 『사막의 꽃』, 섬앤섬, 2005.
5. 하성란 엮음, 『와리스 디리』, 섬앤섬, 2020.

글로리아 스타이넘

1. 글로리아 스타이넘 지음, 고정아 옮김, 『글로리아 스타이넘, 길 위의 인생』, 학고재, 2017.
2. 글로리아 스타이넘 지음, 노지양 옮김, 『센 언니, 못된 여자, 잘난 사람, 글로리아 스타이넘, 삶과 사랑과 저항을 말하다』 학고재, 2021.
3. 글로리아 스타이넘 지음, 양이현정 옮김, 『글로리아 스타이넘의 일상의 반란』, 현실문화연구, 2002.
4. 캐롤린 하일브런 지음, 윤길순 옮김, 『아름다운 페미니스트, 글로리아 스타이넘』, 해냄출판사, 2004.

윤희순
1. 권숯돌 글, 정용연 그림, 『의병장 희순』, 휴머니스트, 2020.
2. 춘천시, 『윤희순의사자료집』, 의암학회총서8, 2008.
3. 춘천시, 『윤희순의사 항일독립투쟁사』, 도서출판 산책, 2005.

덩잉차오
1. 저우언라이·덩잉초 연구센터, 저우언라이 사상 생애 연구회 지음, 한수희 옮김, 『동영초, 대륙의 큰 언니』, 도서출판 선, 2017.
2. 진평 지음, 손승희 옮김, 『덩잉차오 평전 1,2,3』, 소명출판, 2012.

도로시 데이
1. 도로시 데이 지음, 김동완 옮김, 『고백』, 복있는 사람, 2010.
2. 로버트 콜스 지음, 박현주 옮김, 『환대하는 삶』, 낮은 산, 2011.
3. 짐 포리스트 지음, 유영난 옮김, 『도로시 데이 전기, 잣대는 사랑』, 분도출판사. 1991.

에디트 피아프
1. 실뱅 레네 지음, 신이현 옮김, 『에디트 피아프』, 이마고, 2002.
2. 에디트 피아프 지음, 김양순 옮김, 『에디트 피아프: 정열적 여성을 위하여』, 범한출판사, 1988.

노라 노
1. 노라노, 『노라 노, 열정을 디자인하다』, 황금나침반, 2007.
2. 최효안, 『노라노 우리 패션사의 시작』, 마음산책, 2017.

가네코 후미코
1. 가네코 후미코 지음, 조정민 옮김, 『나는 나: 가네코 후미코 옥중 수기』, 산지니, 2012.
2. 야마다 쇼지 지음, 정선태 옮김, 『가네코 후미코: 식민지 조선을 사랑한 일본 제국의 아나키스트』, 산처럼, 2017.
3. 이루다 글·그림, 『나비: 가네코 후미코』, 독립 운동가 100인 만화 프로젝트: 위대한 시민의 역사 33, 광복회, 2020.

앙겔라 메르켈
1. 게르트 랑구트 지음, 이수연 외 옮김, 『앙겔라 메르켈』, 이레, 2005.
2. 니콜 슐라이 지음, 서경홍 옮김, 『앙겔라 메르켈』, 문학사상, 2006.
3. 마리옹 반 렌테르겜 지음, 김지현 옮김, 『메르켈: 세계를 화해시킨 글로벌 무티』, 한길사, 2022.
4. 우르줄라 바이덴펠트 지음, 박종대 옮김, 『앙겔라 메르켈: 독일을 바꾼 16년의 기록』, 사람의집, 2022.

박남옥

1. 박남옥 지음, 『박남옥 한국 첫 여성 영화감독』, 마음산책, 2017.

시몬 보부아르

1. 소피 카르캥 지음, 올리비에 그로주노프스키 그림, 권지현 옮김, 『시몬 드 보부아르, 세상에 맞선 소녀』, 거북이북스, 2018.
2. 시몬느 드 보부아르 지음, 이석봉 옮김, 『계약결혼』, 민예사, 1981.
3. 시몬느 드 보부아르 지음, 이영선 옮김, 『자유로운 여자』, 산호, 1993.

왕가리 마타이

1. 슈테판 에레트르 지음, 김영옥 옮김, 『나무들의 어머니, 왕가리 마타이』, 열림원, 2005.
2. 왕가리 마타이 지음, 최재경 옮김, 『위대한 희망』, 김영사, 2010.

조지아 오키프

1. 헌터 드로호조스카필프 지음, 이화경 옮김, 『조지아 오키프 그리고 스티글리츠, 20세기 모더니즘 미술의 신화』, 민음사, 2008.

최용신

1. 김형목, 『최용신 평전』, 민음사, 2020.
2. 류달영, 『최용신의 생애』, 성천문화재단, 1998.
3. 심훈 지음, 인주승 엮음, 『상록수와 최용신의 생애』, 홍익재, 1991.
4. 윤유석, 『샘골 사람들, 최용신을 말하다』, 길위의책, 2016.

오드리 헵번

1. 알렉산더 워커 지음, 김봉준 옮김, 『오드리 헵번 스토리』, 북북서, 2008.

베티 프리단

1. 베티 프리단 지음, 김현우 옮김 · 정희진 해제, 『여성성의 신화』, 갈라파고스, 2018.
2. 손드라 헨리·에밀리 타이츠 지음, 김현우 옮김, 『베티 프리단』, 신라대학교 출판부, 2002.

카렌 블릭센

1. 김해선 지음, 『후회 없이 사랑했던, 카렌 블릭센을 만나다』, 이담북스, 2020.
2. 카렌 블릭센 지음, 민승남 옮김, 『아웃 오브 아프리카』, 열린책들, 2008.

이태영

1. 이태영, 『나의 만남, 나의 인생 : 이태영 자전적 교유록』, 정우사, 1991.
2. 허도산, 『한국의 어머니 이태영』, 자유지성사, 1999.

쑹 메이링

1. 이양자 지음, 『송경령과 송미령: 20세기 중국을 빛낸 자매』, 새문화출판사, 2019.
2. 장융 지음, 이옥지 옮김, 『아이링 칭링 메이링: 20세기 중국의 심장에 있었던 세 자매』, 까치, 2021.
3. 진정일 지음, 『송미령 평전』, 한울, 2004.

리고베르타 멘투 툼

1. 리고베르타 멘츄 구술, 엘리자베스 부르고스 정리, 윤연모 옮김, 『리고베르타 멘츄』, 장백, 1993.
2. 박현주·신명철 지음, 『여성 평화와 인권을 외치다』, 낮은산, 2007.

박차정

1. 강대민 지음, 『여성조선의용군 박차정 의사』, 고구려, 2004.
2. 김하늘 지음, 『역사인물 소설: 밀양사람 김원봉이오』, 북로그컴퍼니. 2019.
3. 심철기 외 지음, 『항일무장투쟁과 여성독립운동가』, 역사공간, 2020.

로제타 셔우드 홀

1. 로제타 홀 지음, 김현수·문선희 옮김, 『로제타 홀 일기』(1~6), 홍성사, 2015~2017.
2. 박정희 지음, 『로제타 셔우드 홀』, 키아츠, 2018.

시린 에바디

1. 시린 에바디·아자데 모아베니 지음, 황지현 옮김, 『히잡을 벗고 나는 평화를 선택했다』, 황금나침반, 2007.
2. 한국학중앙연구원, 『2009 문명과 평화』, 지문당, 2010.

박경리

1. 김연숙, 『박경리의 말』, 천년의 상상, 2020.
2. 박경리, 『꿈꾸는 자가 창조한다』, 나남, 1994.
3. 조남현, 『박경리』, 서강대학교출판부, 1996.
4. 토지학회, 『박경리와 전쟁』, 마로니에북스, 2018.

제인 구달

1. 데일 피터슨 지음, 박연진 외 옮김, 『인간을 다시 정의한 여자, 제인 구달 평전』, 지호, 2010.
2. 제인 구달 지음, 박순영 옮김, 『제인 구달, 침팬지와 함께한 나의 인생』, 민음사, 1996.
3. 제인 구달 지음, 최재천·이상임 옮김, 『인간의 그늘에서』, 사이언스북스, 2001.
4. 제인 구달 지음, 최재천·이상임 옮김, 『제인 구달의 생명사랑 십계명』, 바다출판 사, 2003.
5. 제인 구달 지음, 홍승효·장현주 옮김, 『희망의 씨앗』, 사이언스북스, 2014.
6. 진주현 지음, 『제인 구달&루이스 리키: 인간과 유인원, 경계에서 만나다』, 김영사, 2008.

페트라 켈리

1. 모니카 스페어 지음, 환경운동연합 편 옮김, 『녹색혁명가 페트라켈리』, 나남, 1994.
2. 새라 파킨 지음, 김재희 옮김, 『나는 평화를 희망한다(페트라켈리)』, 양문, 2002.
3. 페트라 켈리 지음, 이수영 옮김, 『희망은 있다』, 달팽이출판, 2004.

헬렌 니어링

1. 헬렌 니어링·스코트 니어링 지음, 류시화 옮김, 『조화로운 삶』, 보리, 2000.
2. 헬렌 니어링 지음, 이석태 옮김, 『아름다운 삶, 사랑 그리고 마무리』, 보리, 1997.
3. 헬렌 니어링·스코트 니어링 지음, 윤구병·이수영 옮김, 『조화로운 삶의 지속』, 보리, 2002.
4. 헬렌 니어링 엮음, 전병재·박정희 옮김, 『인생의 황혼에서』, 민음사, 2002.

이사벨라 버드

1. 막달레나 쾨스터, 주자네 헤르텔 공편, 김경연 옮김, 『길들일 수 없는 자유』, 여성신문사, 1999.
2. 이블린 케이 지음, 류제선 옮김, 『이사벨라 버드』, 바움, 2008.
3. 이사벨라 버드 비숍 지음, 신복룡 역주, 『조선과 그 이웃 나라들』, 집문당, 1999.

권기옥

1. 한국독립운동사연구소 기획, 윤선자 지음, 『대한독립을 위해 하늘을 날았던 한국 최초의 여류 비행사 권기옥』, 역사공간, 2016.

정 그렇다면 반항할 수밖에
차별적 세상을 뒤집어야 했던 20세기 최고의 딸들

초판 1쇄 2025년 2월 4일

지은이 최문형
표지디자인 위하영
인쇄 북크림

펴낸곳 문연각
출판등록 2021년 9월 13일 제2023-000046호
연락처 moonyonlib@gmail.com
인스타그램 moonyon_lib

ISBN 979-11-981768-7-5

※ 한국방송통신대학교 출판문화원 KNOU 위클리 기획연재작